本书得到国家社会科学基金重点项目"我国农业巨灾风险分散国际合作机制研究"（15GLA013）和南开大学农业保险研究中心委托课题"农业保险费率分区与操作研究"（20186953）资助

农作物保险风险区划与费率分区研究

——以河南省为例

Nongzuowu Baoxian Fengxian Quhua Yu
Feilü Fenqu Yanjiu

赵小静 著

中国社会科学出版社

图书在版编目（CIP）数据

农作物保险风险区划与费率分区研究：以河南省为例/赵小静著.
—北京：中国社会科学出版社，2018.3
ISBN 978 - 7 - 5203 - 2184 - 6

Ⅰ.①农…　Ⅱ.①赵…　Ⅲ.①作物—农业保险—区划—研究—
河南　Ⅳ.①F842.66

中国版本图书馆 CIP 数据核字（2018）第 048048 号

出　版　人	赵剑英	
责任编辑	卢小生	
责任校对	周晓东	
责任印制	王　超	
出　　版	中国社会科学出版社	
社　　址	北京鼓楼西大街甲 158 号	
邮　　编	100720	
网　　址	http：//www.csspw.cn	
发 行 部	010 - 84083685	
门 市 部	010 - 84029450	
经　　销	新华书店及其他书店	
印　　刷	北京明恒达印务有限公司	
装　　订	廊坊市广阳区广增装订厂	
版　　次	2018 年 3 月第 1 版	
印　　次	2018 年 3 月第 1 次印刷	
开　　本	710 × 1000　1/16	
印　　张	13	
插　　页	2	
字　　数	213 千字	
定　　价	58.00 元	

前　言

　　农作物保险的风险区划与定价是农作物保险业务经营的难题之一，农作物保险的粗放定价影响着我国农作物保险的持续健康发展。2010 年开始，笔者在对外经济贸易大学硕博连读期间，选取了农业保险作为自己的研究方向之一，先后对城镇化与农业保险的关系、农作物保险领域的系统性风险以及农业保险的风险区划等问题进行了系统研究，并将相关研究成果整理发表在《保险研究》《金融与经济》等国内学术期刊上。

　　确定博士学位论文选题时，恩师王国军教授建议笔者可在硕博连读期间相关研究的基础上选择一个可以继续深入研究的问题，于是笔者继续以农业保险领域的相关问题作为研究选题。一是在前期研究基础上，能够对博士学位论文成稿的时间与质量有所保障；二是能够深入延续自己前期研究，使自身的学术研究能够成体系，对于日后进入高校进一步从事学术研究工作进行前期积淀。

　　我国农业保险保费规模迅速蓬勃发展，但是，农业保险实践尤其是风险区划与定价却相对粗糙，严重影响了农场等农业企业与农户的投保积极性，成为阻碍农业保险长期健康发展的隐患之一。基于上述农业保险经营的现状，本书以农作物保险为例，对农作物保险的风险区划与定价进行了探究与分析，在笔者博士学位论文的基础上，以河南省为例，对农作物保险的风险区划与费率分区进行了深入细致的研究，并提出了促进河南省农作物保险可持续发展的具体政策建议。

　　在全书成稿之时，要特别感谢我的家人与朋友，以及我最为尊敬的恩师与长辈王国军教授，在王老师的悉心教导下，我逐渐由一名对学术研究懵懂的学生成长为一位站在讲台上将学术研究的前沿以及自己的研究分享给众多学生的大学教师。王老师渊博的学识、独到的见解以及为人谦逊、平易近人的品格，是学生终生学习的榜样。

赵小静

2017 年 8 月 15 日于洛阳

摘　　要

　　尽管 2007 年以来我国的农业保险发展迅速，并已经成为继美国之后的全球第二大农业保险市场，但是，与美国及其他农业保险发达国家相比，我国的农业保险实践却相对粗糙，尤其在风险区划和费率分区方面，差距仍十分遥远。比如，多数保险公司经营中仍然将保险金额、保险费率以省（自治区、直辖市）为单位统一确定，并没有考虑省域内部不同区域间保险标的风险水平存在的差异。农作物保险的定价、承保与理赔等环节的粗放经营，严重影响了农场等农业企业与农户的投保积极性，甚至出现了部分省（自治区、直辖市）的农作物生产与农作物保险发展相背离的现象。像山东、河南这样的农作物播种面积及产量在全国排第一、第二位的省（自治区、直辖市），农作物保险保费收入及其增长率的排名却比较靠后。

　　农业保险的科学化和精细化经营是农业大省推动农业保险发展的一个重要抓手，而对各省域内部的农作物生产风险进行识别、分析与区划，对农作物保险产品进行创新和科学定价，已成为学术界和实业界普遍关注的一个具有较大研究价值的课题，同时也是我国农作物保险通过精细化管理与服务赶超发达国家的一个重要基础。

　　目前，国内对省域内部农作物保险风险区划与费率分区的研究相对较为薄弱。本书选取河南省四种主要农作物，就其自然灾害的时空分布、风险的区域划分、区域产量保险的适用性、保险费率的厘定以及费率的分区进行了全面、系统、深入的研究。

　　本书首先对河南省的农业发展状况进行了系统梳理，并对农业保险发展的影响因素进行了实证分析，结果发现，城镇化发展、农业生产总值以及上一年度农业保险赔付占财险赔付的比重三个变量与河南省的农业保险发展有较大的正相关关系，而上一年度农业保险赔付率以及农民人均纯收入的增加量则与农业保险保费收入显著负相关。

接下来，本书对河南省干旱、雨涝、冰雹、风灾、霜冻、雪灾、雨凇、病虫害等自然灾害的时空分布状况进行了详细分析，发现其区域差异非常明显，且不同农作物遭受的灾害类型也有较大差别，得到了自然灾害发生的年平均次数这一指标，为农作物风险区划的必要性提供了依据。然后，在构建相关性指标的基础上，分别将河南省各县市四种主要作物的系统性风险划分为五个风险等级，并给出了相应的系统性风险指标范围，得出了不同作物之间的系统性风险的排序。

在风险区划的指标体系构建中，将单产、面积与灾情数据进行了有效结合。利用单产的相对水平、单产平均减产率、单产减产率的标准差、单产减产率小于 −10% 的年份比重、规模指数、农作物成灾比重、平均有效灌溉面积、平均机电灌溉面积、平均旱涝保收面积以及农业保险平均赔付率 10 个指标，运用小波分析、因子分析与系统聚类分析对河南省各省辖市（含直管市，以下简称地市）四种农作物进行了初次风险区划，并以各省县市的风险区划结果内的 5 个风险区域为依据，构造农作物单产的相对水平、单产平均减产率、单产减产率的标准差、单产减产率小于 −10% 的年份比重、规模指数和自然灾害年平均次数 6 个指标对上述 5 个风险区域内各县及县级市（以下简称县市）的农作物风险进行多次聚类分析，最终完成了河南省四种作物的风险区划工作。

之后，本书利用小波分析与非参数核密度估计对各县市四种作物进行了费率计算。结合风险区划结果，在坚持风险与保险责任基本一致原则的基础上，结合河南省地市、县级别行政区域划分，将河南省 106 个县市小麦保险划分为 17 个风险区域与 32 个费率区域；99 个县市的玉米保险划分为 21 个风险区域和 34 个费率区域；59 个县市的棉花保险划分为 17 个风险区域和 27 个费率区域；86 个县级尺度上的花生保险划分为 19 个风险区域和 33 个费率区域；为区域产量保险的开展提供了精算技术层面的支撑。

最后，对本书的主要内容和结论做了概括，并为促进河南省粮食稳产增产、农作物保险持续健康发展和实现农民增收提出了相应的政策建议。

关键词：风险区划；费率分区；聚类分析；小波分析；系统性风险

目　　录

第一章 绪论

第一节 研究背景和意义

一 研究背景

农业作为国民经济的重要产业部门，是国民经济不断发展与进步的基础和保障。然而，我国农业基础依然薄弱，近年来，随着我国城乡转型发展、"以地为本"的中国式城镇化的快速推进，农业生产面临的资源环境约束加剧，人均耕地面积日益减少，耕地利用率逐渐降低，粮食生产成本不断上升。自 2008 年以来，国家逐年提高粮食最低收购价格以应对粮食生产成本的快速上涨。粮食最低收购价格在保障农户利益、稳定农业生产的同时，也暴露出一些弊端，造成了国内及国际粮食市场价格的扭曲，粮食加工企业更愿意从国际市场上采购粮食，不利于国内粮食的对外销售。而农作物保险①可以解决粮食最低收购价格机制导致的问题。河南省地处中原腹地，是国家的粮食主产区之一，也是我国三个人口超9000 万的省（自治区、直辖市）之一，每年粮食产量大约占全国的 10%，其中，小麦产量占全国的 25%，河南省农业多年来在确保省内人口粮食安全的同时，也对国家的粮食安全和产业发展具有非常重要的战略意义。

农作物生产是自然再生产与经济再生产的交织，农户分散、小规模经营的特点使农业生产受资金和技术限制，抗灾减灾能力弱，受自然灾害影响较大。2014 年，河南省因气象灾害造成农作物受灾面积 2404.9 千公顷，直接经济损失 116.3 亿元；河南省出现了近 63 年来最为严重夏旱，造成农业受旱面积 2583 万亩。气象灾害对农业生产的影响显著，其中旱

---

① 特别是农作物收入和价格保险。

涝灾害是影响河南省农业生产的主要灾种，且表现出明显的区域性分布特征。

民政部门的扶贫救灾、人道主义援助和无偿救助等救灾保障方式既不能对自然灾害给农业造成的损失给予足够补偿，也不能保证灾后农民迅速恢复农业生产。这在很大程度上影响了农民从事农业生产的积极性。

作为一种最重要的农业保护工具和国家惠农支农的重要手段，农业保险充分发挥其分散农业风险、弥补经济损失的作用，为我国农业的发展和粮食安全提供了较大保障。自2007年《河南省政策性农业保险试点方案》拉开了河南省农业保险的发展序幕以来，河南省农业保险已覆盖河南省18个地市、108个县市，保险品种由起步时的1种增加到2015年的14种。2014年，河南省财政一共拨付保险保费补贴资金6.5亿元，实现保费收入10.3亿元，种植业、养殖业、林业保险参保数量分别达到3818.8万亩、487.2万头和2389.7万亩，投保率分别为25.3%、7.4%和71.06%。

尽管如此，河南省农业保险仍处于粗放发展的阶段，在微观经营技术方面，农业风险区划的缺乏和河南省统一费率的粗放定价使农业保险存在风险与价格不匹配的问题，严重了影响农户的参保积极性。

与此同时，在对风险认识不充分、评估不够精确、定价不科学和管控难到位的情况下，系统性风险、逆向选择和道德风险问题严重阻碍了农业保险的持续健康运营，保险公司往往只能选择通过谨慎承保和严格控制经营规模来确保经营的稳定性。2010年，保监会启动全国至省级种植业保险区划课题，完成了对小麦、棉花、花生等7种主要粮棉油作物的分省风险评估和费率分区。继此之后，相继开展了对内蒙古、湖南部分县级行政单元种植面积较大的农作物的保险区划试点。但包括河南省在内的其他省份没有实行风险区划和费率分区，保险公司仍然按照一个农业保险费率进行承保，中央和地方财政也是按照统一的费率额度进行补贴，这不符合保险经营的风险一致性原则。

二 研究意义

在农业保险高速发展期间，制约农业保险可持续发展的问题也逐步显现。农业保险市场产品粗放、定价粗放、承保与理赔粗放问题明显。农业保险的险种设计也应逐渐考虑到市场风险对农业生产风险的影响，逐渐由传统的险种向保价格、保收入的险种转化。而定价粗放是其中最根本性的问题之一，农业保险在费率设计上实行一省一个费率，没有考虑省域内农作物生长及气象灾害的差异性，种植业保险未采取差别费率，使农业保险产品设计存在不合理性，针对性较差。在全面深入地对农作物生产风险进行识别和评估的基础上，科学合理地厘定费率，依据一定原则进行费率分区，是农作物保险专业化经营的核心、精细化管理的支撑。即便是未来具有较大发展空间的价格和收入保险也需要体现出风险水平与费率的差异性，农作物保险的风险区划与费率分区对农户、保险公司及政府部门都具有非常重要的意义。

第一，农作物风险的区域划分和费率结构的确定是农作物保险成功开展的基础性工作，符合保险风险的地域分异规律和保险经营原则的要求。河南省不同地区，农业生产条件与发展水平迥异，不同地区的主要灾害类型存在较大差异，不同品种农作物之间具有生物上的差异性，受自然灾害的影响程度及抵御灾害的能力不同，这些差异的存在导致不同地区的农户对农业保险的费率需求和赔偿标准也有所差异。因此，对于不同地区，农作物保险区划应该有所差别。对于普通农户而言，农作物保险区划的意义在于：通过对农作物保险区划的宣传和教育，可以提升农户的风险意识和防灾防损水平，从而提升农户的参保积极性。

第二，随着农业保险的大规模全面发展，农业保险市场将面临越来越严重的逆向选择和道德风险问题，对费率厘定的准确性和合理性提出了更高要求。然而，对每个保险人分别计算费率并逐个收取保费的方法在农作物保险实际经营中行不通，农作物生产面临的风险系统性和风险的空间相关性决定了在风险基本一致的区域内，可以对投保人实行同一费率。在县域水平及更小区域内的风险分区及费率分区符合现代农业保险发展的客观要求。对于保险公司而言，提供精确的关于农作物风险损失的相关信息，为农作物保险产品进行科学定价，划定不同的风险区域，有利于保险公司针对不同的区域确定相应的经营策略。为保险公司进行科学的风险管控方案的制订、防灾防损等提供了依据。

第三，本书在广泛收集农业产量和灾害资料的基础上，利用收集到的市县级水平数据、依据保险风险区划的基本原则，建立指标评价体系，对农作物生产的风险进行区划，划分出不同的风险区域，结合行政区划，利用本领域前沿方法计算得到的费率，完成费率的分区。对于政府部门而言，从长远和总体的观点出发，政府部门可以根据自然灾害风险分布的特征，以风险区划结果为依据，进行综合规划，为防灾减灾、灾后恢复农业生产、应急方案的制订等提供决策依据。

第二节　研究内容和方法

一　研究内容

本书对河南省各市县的农作物生产面临的自然灾害进行全面梳理汇总，基于风险评估和区划理论，采用本领域内的科学方法对河南省农作物进行市级和县级区域上的风险分区，然后按区域选择适当的精算方法，分别计算费率，基本实现了不同的农作物风险区域适用于不同的保险费率，为河南省农作物保险全面推进过程中实现精细化经营和可持续发展服务。全书内容包括如下八章：

第一章详细阐述了本书的研究背景和研究意义，并简要地介绍了本书中研究的内容和方法，对研究的基本思路和技术路线进行清晰界定，最后指出了研究的创新点和不足之处。

第二章以农作物保险市场面临的道德风险、逆向选择和系统性风险为切入点，引入农作物区域产量保险相关的研究进展，紧接着对农作物风险区划和费率厘定相关的研究进行了系统的回顾与整理。并对影响农业保险发展因素的相关研究进行了总结和归纳。文献综述部分为后面的章节对河南省农作物风险评价、区划及费率厘定的研究工作提供了有益的借鉴。

第三章对河南省农业发展状况及其在全国农业生产中的地位、河南省农业生产对我国粮食安全的影响与贡献进行了分析。对河南省农业保险发展的历史进程和现状进行了详细的介绍。在理论阐述的基础上，对影响河南省农业保险发展的相关因素进行了实证检验，指出了河南省农业保险发展的潜在问题，提出了发展对策。

第四章通过大量历史文献资料的梳理，分析河南省农作物生产面临的主要风险及其影响机理，全面研究和掌握了河南省干旱、洪涝、风雹灾和霜冻等自然灾害发生的频率、强度及其时空分布特征。结合自然灾害发生的区域差异性，提出农作物风险分区的必要性、紧迫性和可行性。

第五章对河南省农作物生产过程中面临的系统性风险进行了实证分析，通过构建三个相关性指标，基于系统聚类法的分析结果表明，河南省各地市、县市小麦、玉米、棉花和花生四种主要农作物系统性风险较大。

传统的农作物保险产品不能有效防范系统性风险带来的大规模赔付风险及其引发的保险公司经营风险，而区域产量保险作为一种创新型的指数化产品可以有效地应对系统性风险，因此，本书的费率分区是以区域产量保险为基础进行研究的。

第六章根据河南省市级、县级自然灾害的分异特征，分别构建市级、县级指标体系，基于因子分析和聚类分析的计量方法，对河南省小麦、玉米、花生、棉花的生产风险进行市级、县级地域上的区划，从而完成了河南省四种主要农作物的精细化的风险分区工作。

第七章运用小波分析、非参数核密度估计法对各县市不同农作物的费率进行估算，在风险等级划分的基础上，对河南省各县市四种主要农作物进行了费率分区，为河南省农作物保险的精细化发展提供了精算支持。

第八章结合前面章节关于河南省农业保险发展、农业自然灾害时空分布、农作物系统性风险、风险区划和费率分区结果，顺应河南省社会经济发展大环境，提出了促进河南省农作物保险可持续发展的具体政策建议。

二　研究方法

（一）理论分析与实证分析相结合

本书以数理统计、保险学等学科的相关理论为基础，分别涉及风险分散理论、对价交换理论、大数定律、非参数核密度估计、小波分析等。在上述理论基础上，构建指标体系，结合使用因子分析和聚类分析对河南省市级及各县级农作物生产风险进行区划。

运用小波分析对农作物产量的长期趋势进行剔除，在此基础上，采用非参数核密度方法对损失率分布进行拟合，厘定相应保障水平下的费率。利用市级面板数据，选取固定效应模型，对影响河南省农业保险发展的因素进行分析。构建三个反映农作物生产风险相关性指标，对农作物系统性风险进行聚类分析，并对四种主要农作物的系统性风险进行比较和风险等级划分。

（二）实证分析与规范分析相结合

运用规范分析对实证分析的结果进行探讨，为河南省农作物保险的发展提出相应建议，包括对农作物风险区划和费率分区意义的阐述、农作物区域产量保险作为研究基础的合理性和可行性的论证，并指出政府对不同区域内不同的农作物应在保费补贴、产品险种设计等方面有所区别与侧重。

第三节　研究技术路线

本书的研究思路如下：

首先，采用文献研究法，基于本书研究中所涉及的道德风险、逆向选择、系统性风险、区域产量保险、农业保险的风险区划、农作物保险费率厘定、小波分析在农作物趋势单产分析中的应用、农业保险发展的影响因素等相关板块进行文献回顾、梳理与归纳汇总，从而在相关学者研究成果的基础上提出本书的研究框架与构想。

其次，对本书研究中涉及的实证分析所需要的数据进行收集并初步整理。需要指出的是，数据的收集与整理工作耗费了笔者大量的时间，但是，在后面数据分析过程中，笔者发现，较丰富与可靠的数据确实是研究所必需的，也保证了本书后面实证研究的工作顺利开展。

在文献汇总以及数据收集的基础上，本书对河南省农业生产及农业保险发展现状、河南省主要农作物系统性风险和河南省自然灾害时空分布特征三个板块内容进行研究，从而为本书后面章节中农作物风险区划的必要性与可行性、农作物种类选择、风险区划指标选择与构建以及费率厘定等研究奠定了基础。最后，对本书的研究工作进行总结，并对相关重要研究结论进行了列示，同时提出了有针对性的政策建议。

本书研究的技术路线如图 1−1 所示。

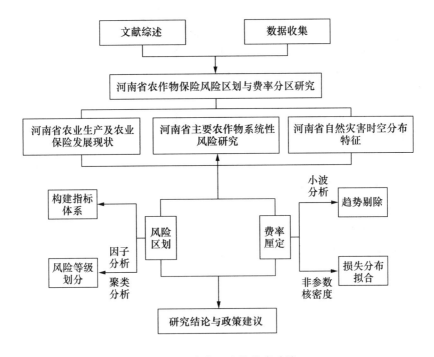

图1-1　本书研究的技术路线

第四节　创新与展望

一　本书研究的创新之处

本书研究的创新之处主要体现在以下五个方面：

第一，在对河南省市级、县级主要农作物保险进行风险区划时，创新性地采取在市级区划的基础上进一步对县级农作物生产风险进行区划的办法，以达到精细化区分不同风险区域的目的。

针对行政区划单元的不同，构建不同的指标体系，将不同农作物受自然灾害影响种类存在差别的因素考虑在内，纳入县级区划指标框架中，使区划指标体系的构建更加合理。

第二，对河南省主要气象灾害类型的时空分布特征进行了系统的整理与汇总，对河南省气象灾害存在区域性差异的特征进行了分析，为农作物风险区域的划分奠定了基础，进一步论证了风险区划的可行性和必要性。并对每个县域各种气象灾害的发生频次进行了计算，将其作为县域农作物风险区划时的一个重要指标。

第三，首次以河南省四种主要农作物为例，通过构建三个相关性指标计算农作物的系统性风险，对河南省县域层次的系统性风险进行了风险等级划分，区分了四种不同农作物系统性风险的大小。在对河南省各县域四种主要农作物系统性风险度量的基础上，提出通过区域产量保险设计来应对农作物系统性风险的建议，使区域产量保险的实施具有必要性。

第四，利用的样本数据和指标比较丰富。本书利用河南省 18 个地市、108 个县市四种主要农作物 1990—2013 年的产量、面积、水利设施、受灾面积、农业保险经营①、自然灾害影响频率等数据进行指标体系构建。

在进行市级风险区划时选取 10 个指标，在进行县级风险区划时选取 6 个指标，在进行系统性风险等级划分时构建了 3 个指标。在理论阐述的基础上，采用河南省 18 个地市 2007—2013 年的面板数据对河南省农业保险发展的影响因素进行实证研究。

第五，在研究方法上将小波分析与非参数核密度估计方法相结合，应用于河南省县域农作物费率的计算中。并综合运用因子分析、聚类分析、面板数据模型、小波分析和非参数核密度估计等多种实证分析方法，丰富了本书的研究内容，使本书的结论在实证分析结果的支撑下更具有说服力。

二 本书研究的局限性

尽管笔者进行了认真细致的研究和写作，但本书研究仍然具有一定的局限性：

第一，在我国，农作物保险风险区划的研究属于前沿课题，尽管有学者对指标体系的选取进行了详细的归类，但鉴于不同行政单元相关历史数据的限制，对县域水平农作物保险风险区划的系统研究还较少。

本书在相关研究文献、数据、方法的基础上，对河南省县域水平的

---

① 从 2007 年起，河南省农业保险业务在政府支持下开始快速发展，因此，农业保险经营数据时间跨度为 2007—2013 年。

主要农作物保险风险进行区划，由于数据限制，在指标体系的选取上，难免会有遗漏，而且区划层级最小达到了县域层面，伴随着农作物保险的进一步发展，相关数据资料的翔实积累，这些方面还有待于进一步深入和完善。

第二，在对河南省主要气象灾害时空分布特征进行描述分析时，尽管笔者花费了相当多的时间和精力去收集，但仍然不能得到最近年份的数据，不过，较现有的关于其他省份气象灾害研究中的数据已经有了较大的延伸。考虑到气象灾害是长年气候变化形成的规律，因此，本书基于 1949—2000 年的相关数据，并参考 1841—1949 年的相关数据形成对河南省气象灾害的时空分布的分析与相关计算也具有一定的参考意义。如若能够收集到更近年份的数据，则可以进一步地延伸与完善本书的研究。

第三，本书仅对河南省四种主要农作物的系统性风险进行度量与等级划分的结果作为以区域产量保险为基础进行费率分区的依据，而未将系统性风险指标汇入农作物保险的风险区划与费率分区中。在以后的研究中，将进一步考虑以县级农作物系统性风险为基础，深化农作物保险的风险分区与费率分区。

三 研究展望

随着社会经济的快速发展，一方面，伴随着城镇化进程的加快，与传统小规模农户相区别的新型农业经营主体的出现，导致了农业主体的多元化。多元化的经营主体对保险产品的需求也体现出了较大的差异性。另一方面，在科学技术不断支撑农作物保险各个经营环节的过程中，保险市场对农作物保险产品种类、产品的细化要求将进一步提升，农作物保险的风险区划和费率分区工作将成为研究和实践中的重要任务。

县域水平上农作物保险风险区划的广泛开展，以及在风险识别与分析技术、风险评估与区划技术等关键技术的快速发展下，对比县域更小行政级别内的农作物保险的风险区划工作也会在不久的将来展开。

同时，公开、透明、科学的农作物保险费率厘定模型、标准的制定，农作物保险、风险数据信息共享平台的构建，具有公信力的农作物保险费率精算制度的确立是关乎农作物保险长远发展的基础建设。这也是未来需要进一步研究的方向。

第二章 国内外研究现状

第一节 关于农业保险市场失灵的解释

作为一种重要的支农工具，农业保险被很多发达国家（如美国、加拿大、日本）和发展中国家（如印度、菲律宾、中国）用来补偿由自然灾害和意外事故等风险因素对农户农业生产造成的经济损失。由于保险标的受频发的自然灾害影响，面临的风险大、损失率高，加之农业保险市场面临的道德风险、逆向选择以及系统性风险比其他财产保险业务要高，经营农业保险业务的保险公司比其他普通财产保险公司面临更大的经营风险。由于农业保险市场存在较高的经营管理费用和赔付率，保险人通过农业保险赚取利润较通过其他财产保险业务而言更困难。国际经验和国内已有实践表明，农业保险市场的正常持续运营往往需要政府在财政、税收以及贷款政策等方面提供支持。

国内外学者对于农业保险市场失灵现象的解释主要从道德风险、逆向选择以及系统性风险角度展开。与其他保险市场相比，农业保险市场的标的物往往具有风险单位大（庹国柱、王国军，2002）、相邻风险单位（农场）之间的自然风险存在较大的相关关系（Bardsley，Abey and Davenport，1984）的特点，加上农业保险市场中严重的道德风险和逆向选择，农业保险市场往往处于一种失灵状态（Knight and Coble，1997；Glauber and Collins，2002），即在没有政府补贴或资助的情况下，私人农业保险公司难以成功地从事农业保险（Wright and Hewitt，1994）。

一　信息不对称下的道德风险与逆向选择

道德风险和逆向选择，普遍被学者用以解释农业保险市场失灵现象。关于两个概念的界定、现实中存在的证据、对农户生产行为、产出以及农业保险赔付的影响、应对道德风险和逆向选择措施的相关研究引起了众多学者的兴趣。

阿罗（Arrow，1963）最早将道德风险的概念引入经济学领域，不过，他将问题的根源归结为当事人的伦理道德水平，并将消除道德风险的希望寄托于提高人们的道德水平上。直到 1968 年，波利（Pauly）提示人们道德风险在保险领域是普遍存在的，是一件非常自然的事情，经济学家才开始从改善合约、完善法律和政府干预层面探讨解决道德风险问题。

道德之所以会成为风险，是因为有些人在追求自我利益最大化时常常会违反既定的道德规范，从而将成本转嫁给其他人并导致他人发生损失。经济学家一般将投保人的道德风险分为事前道德风险和事后道德风险。关于事前和事后的分界，不同的学者理解不同，有的学者以保险合同签订的时间为界，有的学者则以保险事故发生的时间为界进行区分事前和事后道德风险（H. D. Skipper，1998）。

学者对农业保险市场中道德风险存在证据的研究主要集中在购买保险之后农户的生产决策行为的变化，即道德风险对农户的投入和产出具体会产生什么影响。Ahsan、Ali 和 Kurian（1982）在研究中发现，农户在购买农业保险之后，对农业生产中的投入会出现差异；贾斯特和卡尔文（Just and Calvin，1990）的研究发现，与没有购买农业保险的农户相比，购买保险的农户产出比预期产量低得多。

史密斯和古德温（Smith and Goodwin，1996）对 1991 年堪萨斯州（Kansas）干旱地区小麦农户购买农业保险后的化肥投入量进行了分析，在控制了土地质量变量之后发现，与没有购买保险的农民相比，堪萨斯州购买保险的小麦种植户每亩化肥投入量减少了 4.23 美元。巴布科克和亨尼西（Babcock and Hennessy，1996）对依阿华州（Iowa）玉米种植户的调查结果，以及古德温等（2004）的研究均支持了史密斯和古德温（1996）的结论，即农户购买农业保险的行为会带来其投入品使用量的减少，进一步证实了道德风险的存在。

罗伯茨（Roberts，2006）等运用 1989—2002 年美国政府补贴型农作物保险合同数据的研究发现，依阿华州、得克萨斯州（Texas）和北达科他州（North Dakota）的玉米、大豆和小麦存在道德风险，相对于玉米，小麦和大豆的道德风险比较明显。

钟甫宁等（2006）对新疆玛纳斯河流域农户农用化学品的使用进行了研究，发现购买农业保险的农户对农药的施用量减少，为道德风险的存在增加了国内实践中的证据。马述忠和刘梦恒（2016）从效率视角出发，利用中国省级面板数据进行分位数回归分析，结果发现，农业保险发展对农业生产效率和农业技术进步均具有显著的抑制作用，证实了中国农业保险市场扭曲的现实，而造成农业保险市场扭曲的主要原因是道德风险的存在。

张驰等（2017）利用对黑龙江、河南、四川和浙江省4个省份1039户粮食种植户2015年的相关微观调查数据，以地块作为研究对象，采用倾向得分匹配法，对农业保险的参保行为影响有机肥的施用情况进行了实证研究，结果发现，以地块为决策对象的农业保险参保行为对有机肥的施用具有显著的负向影响，并且，相较于未投保地块，投保地块有机肥的施用概率降低了3%—7%，不利于提升粮食综合生产能力，也证实了国内农业保险市场中道德风险的存在。

道德风险给农业保险赔款带来了什么影响，也引起众多学者进行了一系列的实证检验。其中，比较有代表性的研究有：贾斯特和卡尔文（1993b）研究发现，1992年由于道德风险所引起的MPCI（Multi-peril Crop Insurance）赔款占比非常大，其中，80%的小麦保险赔款、73%的高粱保险赔款以及9%的玉米保险赔款均由道德风险引起。

然而，国内关于道德风险对农业保险赔款影响的研究比较匮乏，只有少数学者进行了探讨，如王德宝和王国军（2014）指出，中国种植业保险中由于道德风险所引起的赔偿占总赔款的20%以上。

上述关于农业保险市场中道德风险的相关研究表明，农业保险市场中道德风险普遍存在，不仅会影响农户的生产行为和产出水平，更为重要的是，在道德风险影响下的农户生产行为和产出水平直接关系到农业保险的赔付情况，道德风险严重的情形下会增加农业保险的赔款支出。道德风险影响了保险公司的安全经营，是阻碍农业保险长期持续经营的重要风险之一。

"逆向选择"这一术语虽然已经被广泛地应用于经济研究的多个领域，但它最初却来自对保险市场的研究，是除道德风险之外影响保险业发展的另一个重要问题。

最早对逆向选择问题进行研究的是阿克洛夫（Akerlof, 1970）。他认为，相对于保险供给者，保险购买者更清楚自己的风险状况，即自身是不是一个具有恶性风险的"柠檬"。罗思蔡尔德和斯蒂格利茨（Roths-child and Stiglitz, 1976）对保险市场的逆向选择问题进行了深入研究，结果发现，在精算公平费率下，完全保险保单更受具有高风险的投保人的青睐，而部分保险保单往往是具有低风险的投保人的购买对象。

后续的很多研究都发现了农业保险市场中存在的逆向选择现象。比如，贾斯特和卡尔文（1993a）在对大豆、玉米、谷物和小麦四种不同农作物种植户的保险购买决策的研究中发现，在大豆保险购买决策中存在逆向选择。古德温（1994）基于依阿华州县域层面数据的实证研究表明，风险相对较高的县域，农户对农业保险的价格需求弹性非常小，表明风险高的农民愿意付出更高的保费，即农作物保险中存在逆向选择。

逆向选择给农业保险带来的额外经营成本也很高。Shaik 和 Atwood（2002）对美国 1970—2000 年棉花保险的逆向选择成本进行了测算，发现其变动范围处于 3200 万—3.59 亿美元，可见，逆向选择的存在直接影响了农业保险的精算效率。

相关研究表明，如果保险费率设计不恰当、不公平，保险人对保险标的风险分类不合理，使费率对低预期产量的农民而言过低，对高预期产量的农民而言过高，都会鼓励农户的逆向选择行为（Makki and Somwa-ru, 2002；Miller, Kahln and Rathwell, 2000）。保险公司为了保证正常的利润与经营的持续性，会逐渐提高保费，进而将低风险的农户慢慢驱逐出市场，而留下大量的高风险农户，这将使保险公司的经营陷入恶性循环之中，最终使农业保险市场的正常经营无法保证，市场逐渐萎缩以致消失。

如何区分高低风险农民成为农业保险费率厘定过程中需要首先考虑的问题（Skees and Reed, 1986）。为应对农业保险市场信息不对称引起的道德风险和逆向选择问题，许多学者指出，在精确的风险区划基础上进行的费率分区，细分费率档次（Nelson and Loehman, 1987；Chambers, 1989；Goodwin, 1994；Knight and Coble, 1997），细化的费率结构设计使风险与费率能够相一致，道德风险和逆向选择现象的发生就能在很大程度上得到抑制。

关于逆向选择和道德风险的其他解决办法，学者也进行了广泛的研究。虽然强制投保可以使所有的农户纳入农业保险市场中，利用大数法则将风险进行分散，可以有效解决逆向选择问题，但格洛伯和柯林斯（Glauber and Collins，2001）认为，用强制投保来解决逆向选择的方式并不可取，因为强制投保会造成生产者福利受损。

再者，强制投保也不适合我国现行农业保险按照"市场运作、自主自愿"的经营原则。温纳和阿里亚斯（Wenner and Arias，2003）认为，指数化的农业保险产品，如区域产量保险和天气指数保险，可以有效控制道德风险和逆向选择的发生，并能降低保险公司的经营成本。斯基斯等（Skees et al.，2001）认为，天气指数保险产品将保险赔付条件与天气变量联系起来，这为农业系统性风险向资本市场进行转移提供了便利条件，同时缓解了逆向选择和道德风险。

曹冰玉、詹德平（2009）认为，通过农业保险经营主体创新，如相互制保险，可以提供一种信息共享的机制，并认为，以相互制为基础的"银保合作"是信息不对称条件下农业保险经营主体的理想选择。王国军等（2017）认为，可以探索开展互助式农业保险，参与互助的农户可以增强彼此之间在农业生产过程中的技术沟通和技术帮扶，控制道德风险；且由于熟悉的农户相互之间的监督，可以在一定程度上减少农户对风险事故进行伪造或骗保行为的发生；同时可以探索外部性较强产品的强制性农业保险以降低逆向选择的发生。

裴雷和姚海鑫（2016）通过对2013—2015年农业保险领域的142个判例进行统计分析，并结合中国农业保险运营模式，提出了解决农业保险市场信息不对称的措施：要严格执行公示制度，创新公示的途径，可以通过保险公司官方网站、新闻媒体、新媒体、自媒体等多种方式公示承保理赔信息以保障广大农户的知情权和监督权；同时，通过鼓励大户直接投保以解决代为投保产生的信息不对称问题。

借鉴上述文献中道德风险、逆向选择的相关研究成果，道德风险和逆向选择是农业保险市场得以健康发展的较大障碍，为了最大限度地降低或抑制道德风险和逆向选择的发生，可以通过精确的风险区划和费率设计来实现。区域产量保险作为一种指数化的险种，能够有效应对逆向选择，并减轻道德风险。在本书研究中，以区域产量保险作为研究的险种，展开河南省农作物保险的区域划分。除此之外，区域产量保险还能够有效应对系统性风险，有必要对系统性风险、区域产量保险的相关文献研究成果进行综述，为本书的具体研究提供相应的借鉴。

二 外部性下的系统性风险

系统性风险，与道德风险和逆向选择一起常被学者用来解释农业保险市场失灵现象，是农业保险经营中的三大难题。

米兰达和格洛伯（Miranda and Glauber，1997）认为，相对于道德风险和逆向选择，系统性风险是私人农业保险公司运行的最大障碍，系统性风险的存在影响了保险大数法则的效果，使其不能有效地分散农户之间、区域之间和不同农作物种类之间的风险。邓肯和迈耶斯（Duncan and Myers，2000）基于期望效用理论，通过构建农作物保险市场均衡模型，发现系统性风险提高了费率水平，降低了农户参与率，严重的情形下甚至还会导致农业保险市场的完全崩溃。与其相似，欧阳越秀、李贞玉（2010）的分析表明，系统性风险的存在会导致农业保险市场均衡模型中免赔率的提高，使农户获得的保障程度降低，不利于调动农户参保积极性，从而抑制了农户对农业保险的需求。

谢玉梅（2012）依照农业生产面临的不同种类自然灾害的相关性程度与发生频率，将农业系统性风险分为三个层级，比如霜冻、冰雹等地方性气候引起的系统性风险较低，发生频率较高；而区域性干旱和降雨量过多引起的系统性风险程度及其发生频率中等；由海啸、台风以及严重的大规模干旱等极端性气候而引起的系统性风险程度高，发生频率低。并分析了传统的农业风险管理方式在处理这三类农业系统性风险时的差异，进而指出，指数保险可以作为传统农业保险的一种可行性替代，可以有效应对农业灾害发生引致的系统性风险。

国内外学者对农业保险市场中的系统性风险进行了定量分析。斯基斯等（1997）的研究发现，美国大多数产粮区的水旱灾害之间存在显著的相关性。米兰达和格洛伯（1997）基于农户和县级水平的玉米、大豆、小麦三种农作物产量数据，构建模拟模型，计算美国前10大农业保险公司赔付系统性风险比值，结果表明，保险公司面临的赔付风险是农户间产量相互独立时的20—50倍。温纳和阿里亚斯（2003）的研究发现，农业保险合同面临的系统性风险比普通的车险和人身意外伤害险要高20倍。

叶明华（2016）根据江苏、浙江、上每、安徽4省份71个气象站点35年的降水量数据，绘制出4个省市农业旱涝灾害的空间分布图，并且将其与政策性农业保险赔付率等级的空间分布进行比对，结果发现，上述 4 省市降水量存在显著的空间正相关性，旱涝灾害空间集聚性显著。

有学者针对农业生产面临的系统性风险提出了一些应对措施。斯基斯等（1999）指出，私人保险公司对系统性风险的管理能力有限，建议政府通过资本市场将农业保险市场中的系统性风险分流出去。斯基斯等（2001）认为，将保险赔付条件与天气变量联系起来设计的天气指数保险产品为农业系统性风险向资本市场进行转移提供了便利条件，同时缓解了道德风险和逆向选择。卡明斯和特雷纳（Cummins and Trainar，2009）认为，通过风险证券化，可以将潜在损失相关性大的风险有效地分流至资本市场。

国外关于农业保险市场系统性风险的研究主要是以相关保险合同数据作为研究对象，而保险公司面临的赔付系统性风险主要源于农户农作物遭受自然灾害时产生的系统性风险，对农作物生产系统性风险的测度可以为保险公司选择相应的农业保险业务提供借鉴。鉴于国内保险公司的农业保险合同数据并没有公开，国内学者对农业保险市场系统性风险的研究多是从农作物系统性风险这一视角出发的。

国内关于农作物生产系统性风险的实证研究主要有：邢鹂（2004）借鉴资本资产定价模型，将中国各省（自治区、直辖市）划归为北部、中部和南部地区，以此为保险大区域，区域内各省（自治区、直辖市）为小区域进行分析，将各省（自治区、直辖市）农作物产量波动分解为由大区域产量波动所引起的系统性风险和由各省域自身产量波动所引起的非系统性风险两个部分，得出全国省级层面大部分农作物的系统性风险比值在 40%—50%。

也有少数学者从相关性的角度测度农作物系统性风险。刘世强、陈爱东（2008）利用二次多项式拟合油菜趋势单产，并得出四川省各地市油菜单产变异的相关系数为 0.27—0.88；叶明华、胡庆康（2012）选择 Pearson 相关性测算方法对我国 12 个主要产粮省（自治区、直辖市）水旱成灾率的两两相关系数进行了计算，并依据相关性强弱将这些省（自治区、直辖市）划分为 4 个农业风险区。

国内关于系统性风险的研究大多以单一的风险测度指标对农作物生产面临的系统性风险进行度量，考察系统性风险的角度要么从小区域与其所在大区域之间的产量相关性入手，要么以小区域两两之间的相关性入手，并没有将两者有效地结合起来。笔者在上述研究的基础上，对农作物系统性风险的测度指标进行了拓展和优化，将小波分析与聚类分析结合起来，并以河南省为例对其四种主要的农作物系统性风险进行了计算与区划。在此基础上，提出以区域产量保险应对系统性风险的思路，并结合农作物生产风险的区划和费率区划勾勒出开展区域产量保险的区域划分与费率区划。

第二节　关于农作物区域产量保险

哈尔克罗（Halcrow，1949）最早提出区域产量保险计划，即以农作物生产条件大致相似的某一区域（乡镇、县或者更大的行政区域）、某一农作物的平均产量作为衡量是否对整个区域投保农户进行赔付以及确定赔偿额度大小的依据。如果投保年份区域平均产量低于相应保障水平的区域农作物正常产量或预期产量时，该区域所有投保农户均将得到一样的赔偿。相对于传统的一些农作物险种，区域产量保险更适于在农业生产风险较高地区实施，并指出，农作物保险最适合的精算结构的确立是农作物保险快速发展的条件之一。

米兰达（1991）重新审视了区域产量保险，将区域产量保险的优点归纳如下：①与区域产量相关的信息较易得且更为可靠，保险人可以更加精确地计算精算公平费率，这会在一定程度上减轻逆向选择的影响。②以区域产量作为赔付的依据，单个投保人无法通过改变自己的生产行为以获取更多的赔偿，因此，区域产量保险可以消除道德风险问题。同时，在区域产量保险计划下，保险公司的管理成本也会下降。区域产量保险可以减轻逆向选择和消除道德风险，可以提供相对于传统以个人产量为基础的农业保险而言更为有效的损失补偿，并能提高农作物保险的精算效率。

米兰达通过构建理论模型，分析发现，当个人产量的系统性风险系数（β值）大于临界β值时，区域产量保险可以对农户进行有效的风险转移。

霍里干（Hourigan，1993）依据1980—1989年美国11个州共293个县的大豆产量数据对区域产量保险和个人产量保险进行了实证研究，结果发现，区域产量保险能显著降低产量变异，且60%的样本农户的产量变异系数较小，便于区域产量保险实施。不过，他的研究指出，区域产量保险在面临巨灾风险时难以支付巨额赔偿，且区域产量保险在这 11 个州是无效率的。马胡尔（Mahul，1999）通过取消除了非负性的其他赔付制度的限制条件，一般化了米兰达（1991）模型，同样指出，区域产量保险在巨灾风险面前无能为力，如洪涝、旱灾等自然灾害造成的大面积农作物损毁难以依据相关性原则来消除，或许向金融市场的扩展可以解决这一问题。

王克、张峭（2012）以 1995—2006 年河北邢台小麦农户的单产历史数据，对区域产量保险的风险规避效果进行了研究，结果表明，如果考虑交易成本因素，农户敏感系数 β 值增加 1 个百分点，区域产量保险的单位风险规避效果则增加 0.05 个百分点，区域产量保险应该成为规避农户风险的一种创新型的保险选择。

谢玉梅（2014）基于米兰达（1991）构建的区域产量保险运作的理论模型，采用江苏省镇江市 70 户茶农和 20 家茶场 2010—2012 年的产量数据，对区域产量保险的有效性进行了实证检验，结果发现，区域产量保险能够对大部分农户提供有效的风险管理，相对于单个农户产量保险，区域产量保险的费率较低，风险管理效率较高。

有关区域产量保险的实践状况。谢玉梅（2012）对其进行了较为系统的归纳整理：1952 年，瑞典设计出了区域产量保险并于 1961 年付诸实施；1977 年，加拿大魁北克省（Quebec）也推出了区域产量保险计划；1989 年，美国国会委员会在关于改善联邦农作物保险报告中提及区域产量保险概念，并于 1990 年正式提出区域产量保险试点计划，1993 年，美国农业部开始 GRP（Group Risk Plan）项目试点，并以县域产量作为赔付标准，至 1994 年，区域产量保险项目已推广至美国 27 个州的 1875 个县，覆盖了 7 个主要农产品。截至 2007 年，美国、加拿大、印度、墨西哥、摩洛哥、伊朗、乌克兰、秘鲁等国家均有提供区域产量保险。

不少学者对区域产量保险合同的设计进行了研究，并对区域产量保险经营中存在的基础风险进行了分析，提出了相关的应对方案。斯基斯、布莱克和巴内特（Skees，Black and Barnett，1997）描述了美国 GRP 合同设计和费率厘定过程，指出 GRP 类似于一种看跌期权，具有较大的发展空间。

史密斯等（1994）的研究表明，相对于 GRP（Group Risk Plan），更简单的区域产量保险合同能够使农户的收入变动减少 20% 甚至更多。不过，在不考虑道德风险和逆向选择的前提下，农户更倾向于个人产量保险。

李文芳等（2009）将理论和实践因素同时考虑在内，设计出了湖北省水稻区域产量保险的合同要素，并指出，需要进一步研究费率的厘定问题，以及相邻县域权重的确定方法。

朱俊生等（2013）对区域产量保险的优点进行了汇总：不易发生道德风险和逆向选择、赔款及时、管理成本低、产品标准化、结构透明、可得性与流通性强、再保险接受程度高等（Barnett，2004；Skees, Hazell and Miranda，1999；Word Bank，2004）。对北京市试水农业区域产量保险的意义、条件和障碍进行了考察，结合国际上的相关实践，初步设计了区域产量保险合同，对保险区域的确定、最大保额的限定、费率水平、触发产量的确定进行了具体的说明。

Huang Li（1995）设计了区域产量与个人产量保险的一种组合，可以解决单个农户发生损失而得不到赔偿的问题。巴内特等（2005）使用更大地理范围内的玉米产量数据，即处于玉米带 10 个州的 66686 个农场和处于北方中西部两个州的 3152 个甜菜农场的数据，评估基础风险是否会使 GRP 在市场上无法独立生存。研究结果显示，对一些作物和地区而言，GRP 是可行的，可以通过附加基础风险条款的 GRP 合同设计为个别农场因某一特殊事件发生损失而得不到赔偿时提供额外的保护。

通过对区域产量保险的概念界定、与个人产量保险之间优缺点的比较、应对系统性风险的效果及开展实践的概述，可以发现，区域产量保险能够有效应对系统性风险，同时，相对于个人产量保险而言，具有不易引发道德风险和逆向选择等一系列优点，对于河南省这样面积较大的农业大省而言，开展区域产量保险比较适宜。

第三节　农业保险风险区划相关
研究回顾及评述

区域产量保险实施的关键在于区域的科学划分，区域划为较小的地理区域，可以减少基础风险，增加农业保险对系统性风险的管理能力。不过，区域越小，相应的管理成本、承保、定损和理赔等交易成本越大。同时，与农作物生产风险相关的历史产量数据、灾情资料的收集难度越大，不利于费率的准确制定。风险区划，是将农作物生产风险大区域划分为若干小区域的过程，且这一过程是以农作物生产面临的各种自然灾害风险因子作为依据的。

国内外学者对风险区划的必要性进行了相关论证，认为同一费率容易引发道德风险和逆向选择，应该进行科学的风险区划和费率分区（Knight and Coble，1997；Ahsan et al.，1982；Nelson and Loehman，1987；Goodwin，Barry K.，1994；Glauber，2004）。

国内学者中，庹国柱、丁少群较早开始对农作物保险分区和费率分区进行研究（庹国柱、丁少群，1994，1997，2009）。农业保险费率的科学合理精算涉及两个层次，即基于风险区域划分基础上的费率分区以及具有公信力的费率计算制度，是完善我国农业保险制度需要解决的重要问题之一（庹国柱、朱俊生，2014）。农业保险责任与保险费率的准确确定也以农业保险的风险区划为前提（郭忠义，2010）。张峭和王克（2011）认为，农作物生产风险评估及区划的粗糙与落后是阻碍农作物保险效果评估进程的微观技术层面因素之一，是造成产品创新不足和巨灾分散机制未能及时建立的根本原因。

农作物保险经营相对较为成功的国家都对农作物保险进行了风险区域划分，设置了不同风险等级的保险区域。国外学者对农作物保险进行了广泛的风险区划，取得了一些可供我国农作物保险风险区域划分时借鉴的成果（Haruyama，1996；Kuminoff，2000；Miller et al.，2000；Alves and Carvalho，2011；Neamatollahi and Bannayan，2012）。

在国际实践中，区域产量保险的区域划分主要有三种方式：①加拿大魁北克（Quebec）依据农户产量数据对区域进行动态调整的模式，可以逐渐降低农户面临的基础风险；②美国的 NASS 县级产量是唯一可以获得的区域产量数据，因此，美国以一个县为一个区域；③印度以最小的包含4—5个行政村的行政区域为一个风险区域，相比以一个县为一个区域的方式，其基础风险更小，但数据的易得性和可靠性较差（朱俊生等，2013）。

国外发达国家的农业生产风险区划比较专业化和精细化，如加拿大根据土质、气候、地理和农作物生产历史情况，将曼尼托巴省划分为16个风险大区，在此基础上，按照作物种类、土壤类型进一步将每个风险大区域进行细化。与此类似，萨斯喀彻温省的粮食作物被划分了23个风险区，饲料作物被划分了 17 个风险区（张峭，2011）。美国整个大陆被划分为 14 类雹灾地区；德国将全国划分为 44 个风险区，对每个区内的 9 种不同农作物进行再次风险分区和费率区划，共确定了 396 个费率（庹国柱、王国军，2003）。

国内学者在农业生产风险评估分区方面也取得了一些成果（张峭、王克，2007；邓国等，2002；刘荣花等，2006；邢鹂，2004）。农作物保险风险区划主要依据与农作物生产相关的指标进行，笔者对国内的保险风险区划的文献进行了系统汇总，发现农作物保险风险分区主要指标体系的构建大致可以分为以下三类。

一类学者综合考虑土壤、气候、产量、地形、灾情等各项指标对研究对象进行区划（庹国柱、丁少群，1994；刘长标，2000）。

邢鹂、钟甫宁（2006）以单产变异系数、成灾概率、专业化指数和效率指数 4 个主导指标对我国粮食产地进行了风险等级划分。邢鹂、高涛等（2008）在上述研究的基础上，以旱涝指数、温度距平值替代成灾概率，对北京市瓜蔬类作物进行了风险评估与等级划分。

李文芳（2013）综合利用气候、地形地貌、水利设施、作物熟制和农业灾害因素，对县级层面上的湖北省水稻保险进行了风险区划。县级区域资料、数据匮乏，相关指标量化困难，在上述限制下，这些研究只选择了区域内的部分县市进行区划，结果具有一定的局限性。

陈平、陶建平、赵玮（2013）以县域气候状况、灾害情况、水利条件、单产和播种面积相关的 12 项影响因子，将湖北省 82 个县的中稻生产风险划分为 4 个风险等级，并采用参数估计法计算出各县市的纯费率，依据相应风险等级对纯费率进行了调整。然而，对众多数目的县域直接进行风险区划的研究方法，使区划的结果中有 48 个县域的费率需要依据风险等级内的基础费率进行调整，不仅加大了工作量，而且在一定程度上也削弱了风险区划的意义。县域个数较多时，直接以县域单元进行区划的结果不能令人满意，其合理性也令人质疑。

另一类学者围绕单产和农作物播种面积、受灾面积进行指标体系的构建（马文杰、冯中朝，2008；陈新建、陶建平，2008；梁来存，2009；梁来存，2010；林攀，2011；郑军、袁帅帅，2015），这类学者大多从单产变异系数、单产减产率超过某一阈值的概率、受灾率超过某一阈值的概率、绝收率等指标因素中选取一部分作为区划的依据。如梁来存

(2010) 认为，自然风险对粮食产量的影响可以通过产量的变化来进行测度，选取单产的相对水平、单产降低的概率、单产减产率的标准差等与单产相关的指标以及生产规模的相对水平、平均受灾率和平均成灾率3个与种植面积和受灾面积相关的指标将全国31个省（直辖市、自治区）的粮食生产风险划分为高风险区、较高风险区和低风险区。

还有一类学者围绕农作物的单产数据展开风险区域的划分（邓国等，2002；王志春等，2002；吴利红等，2007；王勤，2011；刘小雪、申双和等，2013）。如徐学荣、周磊等（2014）选取歉年份和历年的粮食减产率、减产率的变异系数、减产率大于4%以及3%的概率等8个指标，将福建省25个粮食主产县划分为3个风险区域。

以单产或者加入面积因素进行指标构建的学者认为，气象、水利、土壤等各种复杂因素对农作物交织作用的结果主要表现在产量的波动上，由于大部分地区单产和面积数据较易获得，这两类指标体系的构建相对比较容易，比较适合县级或者更小区域层面的区划。

第四节　农作物保险费率厘定
相关研究回顾及评述

保险费率即保险公司提供相应保险保障的价格，是确保保险公司稳定经营的重要因素之一。保险精算的稳健性依赖于保险费率是不是公平的，即纯保费是否与期望损失相等。纯费率确定的关键在于农作物产量期望损失的计算。农作物产量的期望损失涉及农作物单位面积产量的分布 $f(x)$ 以及相应的保障水平（Y_c），这两个因素关乎费率的精确制定。农作物区域产量保险费率的厘定与个体产量保险费率的厘定过程实质上并无差别，主要有以下几种方法。

（1）正态分布法。在假定农作物单产服从正态分布的前提下，农作物的保险费率可以由农作物产量分布的均值和方差来确定（Botts and Boles，1958），这实质上是一种理论方法。为便于实际操作，产量的均值一般用费率厘定年的产量代替，标准差设定为产量均值的0.25倍。采用这种方法的问题在于农作物产量服从正态分布假设本身不一定是合理的。

（2）实际生产历史法（Actual Product History，APH）。该法将费率与农作物的历史生产数据关联起来，以农作物历年产量的时序平均值来确定相应的保障水平，并假定产量的标准差不小于15%。实际生产历史法同样面临正态分布假设是否合理的问题。另外，实际生产历史法没有考虑农作物的长期趋势，这使在具有长期趋势的作物种植区域，农户的实际保障水平会小于保单上的名义保障水平。针对这一现象，斯基斯和里德（Skees and Reed，1986）对农作物产量进行了相应的趋势调整。

（3）经验费率法。该法的基本思路是：通过估计历年农作物产量的实际值与理论值的差额，计算得到平均产量损失，进而获得相应的平均社会损失率，即保险费率。因经验费率法需要农作物连续长期数据信息，而囿于县域数据的不完整，这种方法受到了很大的限制。

在农业保险中，对单产风险的测算实际上就是对其概率分布进行拟合的过程（Goodwin and Mahul，2004）。单产分布模型估计方法一般包括参数估计和非参数估计法两种。

用参数法进行产量概率分布拟合的文献并不少见，大多采用概率统计学中的概率分布对产量进行拟合，研究中常见的分布主要有正态分布法（庹国柱、丁少群，1994；邓国，2002；刘荣花等，2008；Just 和 Weninger，1999；Ozaki et al.，2008）、Γ 分布（Gallagher，1987）、β 分布（Nelson and Preckel，1989）、布尔分布（Burr）（Chen and Miranda，2004）、反转双曲线正弦分布（Ramirez，1997）、威布尔分布（Weibull）（Zanini et al.，2001）、Logistic 分布（Sherrick et al.，2004）、约翰森（Johnson）家族系列（对数正态、S_U、S_B 分布）（Catherine P. Lawas，2005；Goodwin、Roberts and Coble，2000；丁少群、林攀，2012）。

但在实际应用中，总体分布的相关信息和先验的分布函数往往难以得知，同时分布假设的合理与否直接影响到估计结果是否会产生偏误，这些因素限制了参数法在费率厘定中的应用。正态分布不能有效地识别偏度，大多数情况下，农作物产量是有负偏度的（Gallagher，1987；Nelson，1990），而 Γ 分布、威布尔分布均可以适应负偏度，β 分布则是正偏的（Turvey and Zhao，1999）。

农作物保险费率的厘定结果与所选取的分布密切相关，正确的分布模型会得出较为科学的费率，而同一地区的费率在不同分布下往往会存在较大差异，因此，应结合不同地区的农作物产量数据，选择恰当的分布模型（Sherrick 等，2004；Ramirez 等，2006；张峭、王克，2007；王克，2008；杨晓煜、鞠荣华等，2012），而这一过程会增加参数法估计费率的复杂性。

参数估计法对模型预设的依赖使费率计算结果具有一定的主观性，可能导致估算结果不够精确。当县市个数或作物种类较多时，分布模型的选择及严格的假设检验使费率计算过程异常烦琐复杂。实践中，农作物产量分布往往存在有偏性、双峰性，最优分布的确定也非常麻烦，在这样的情形下，更适宜采用非参数估计方法。

非参数估计法受样本观测的影响较小，也不需要假定总体分布的具体形式，仅以数据作为概率密度函数估计的依据，比较灵活，可以显示农作物产量分布的局部特征，模型结果准确，为农作物保险的费率计算提供了一种可行的方法（Turvey 等，1993；Goodwin and Ker，1998；Ker and Goodwin，2000；钟甫宁等，2004；王丽红等，2007；梁来存，2009；李永、孙越芹、夏敏，2011；李文芳，2012）。

梁来存（2011）对我国 31 个省（自治区、直辖市）的粮食单产费率厘定方法进行了比较，通过对比正态分布、逻辑分布、指数分布、均匀分布 4 种参数分布形式及非参数核密度法的费率计算结果，从纯费率的平均水平和标准差系数看，非参数法厘定的纯费率更符合实际，更加准确。参数法多数情况下会低估农作物生产中的风险，非参数统计相对于参数法的有效性得到了实证数据的证实（于洋，2013；曾辉、杨新顺，2014）。

国内外的相关研究表明，非参数法适用于大样本情况，在小样本条件下的非参数密度估计缺乏稳健性（Goodwin 和 Mahul，2004；黄崇福等，1998）。另外，非参数法也存在一些不足，如收敛速度慢、不同的带宽对其效果影响不一、处理不好边界偏差问题。不过，这些问题都可以通过基于信息扩散的非参数核密度估计法得到解决（Ramsey，2014）。

一些学者认为，农作物产量不仅包括时间趋势，还包括空间趋势，是时空综合作用的结果。基于作物产量的时空趋势，进行了相应的费率计算：Ozaki 等（2008）基于分层贝叶斯的时空分布模型，将时间与空间、时空交互效应对农作物产量分布的影响考虑在内，对农作物保险合同进行了定价。与其相似，刘锐金（2009）对湖北省水稻单产进行了时间和空间的模拟，并进行了保险纯费率的计算。李文芳（2009）仅使用含时间效应的分层贝叶斯模型对湖北省水稻单产进行了费率厘定，结果表明，在保障水平为100%时，分层贝叶斯法与非参数核密度估计法得到结果非常接近。

第五节　小波分析在农作物趋势单产分析中的应用

从统计分析角度看，农作物产量的波动是产量的实际观察值对其长期趋势的偏离，偏离的幅度越大，则农作物产量的稳定性越差，面临的风险也越大。对由于外部技术变化等原因引起的产量序列的长期趋势的剔除是农作物保险费率厘定的前提（Schnitkey and Sherrick et al.，2003）。

常用的去趋势方法主要有线性趋势模型（Ramirez et al.，2003）、非线性趋势模型（Deng et al.，2007）和一些随机性趋势模型，如自回归AR模型、移动平均MA模型、自回归移动平均ARMA模型、自回归综合滑动平均ARIMA模型（Goodwin和Ker，2002；于洋，2013）以及一阶或高阶多项式法（Woodard等，2010；陈丽，2011）。线性趋势较难以捕捉复杂的产量趋势变化；移动平均法由于主观性强、精确性差等缺陷，已经逐渐被放弃使用；多项式法简单实用，但其在方程次数的选择上同样受主观因素影响大，这会对预测结果的真实性造成一定的影响。带自回归项的模型虽然能够灵敏地反映出产量趋势的变化，但是模型参数多，导致其经常将一些正常的波动误判为趋势变化。

小波分析，又称小波多分辨分析，是傅里叶分析理论于20世纪80年代初发展起来的一个新分支，它具有多分辨率分析的特点及较好的时频窗口特性，能够逐级观察信号特征，近几年颇受学者的青睐，被广泛地应用于农作物趋势产量分析中。

巴托斯（K. Bartosz，2005）通过设定指标，对农作物产量的趋势分析方法进行了比较研究，结果表明，相较于一般意义上的农作物趋势单产估计模型而言，小波分析对于趋势产量的分析更加精确。与其相似，普林格尔和马钱特等（M. J. Pringle and B. P. Marchant et al.，2008）采用比较分析法研究了小波变化和几何统计学方法在拟合小麦产量分布时的有效性，指出小波分析在验证空间分布模型上是更为有效。

国内不少学者也逐渐将小波分析应用到农作物产量的趋势分析和费率厘定中。刘会玉、林振山等（2005）运用莫勒特（Morlet）小波分析变换方法将江苏省粮食产量序列分解为时间尺度和周期项，并通过小波分析合成，进而预测了粮食产量走势。李青松等（2015）利用小波分析对河南省粮食产量的波动特征进行了分析，研究发现河南省粮食生产周期逐渐增大，目前河南省粮食生产处于相对丰产期，但是，随后会进入新的粮食减产期。

谷政、褚保金等（2010）将小波分析与 ARMA 模型相结合，以江苏省粮食产量数据为样本，比较了 db 正交小波与二次多项式对粮食产量拟合预测的精确性，结果表明，db 正交小波的精确性更高。李永等（2011）利用常见的小波函数对北京市小麦单产数据进行分析，并通过比较小波函数的消失矩、支撑长度、正则性等参数，发现具有紧支撑双正交的 sym 8 小波函数的拟合效果最好。谷政等（2009）首次将小波分析与非参数方法相结合，运用于江苏省水稻产量保险纯费率的厘定中。

Huang Xin Yang 等（2012）研究表明，小波变换分别对农作物产量中的趋势部分和波动部分进行分析，主要是基于线性、多项式或者指数方程对趋势部分分析，并通过最小二乘法拟合曲线进行预测，当数据量较少时，预测效果并不佳。崔海蓉（2013）研究指出，支持向量机（Support Vector Machine，SVM）能够克服小样本、非线性造成的数据预测不精确的问题，并首次将其与具有紧支撑双正交的 db3 小波函数和非参数核密度估计相结合，对山东省棉花保险的纯费率进行了厘定。冯晶（2014）选用 sym 8 小波函数对山东省玉米单产进行了小波分解，并结合支持向量机预测模型进行了单产预测。

第六节　农业保险发展的影响因素相关研究综述

史密斯和古德温（1996）认为，农户参与农业保险的主要动机是获得政府的财政补贴，保费补贴的多少决定了农户的购买意愿，保费补贴多，农户就愿意购买，否则，就不愿意购买。近年来，国内外对农业保险需求的研究，大多是基于农户的问卷调查数据，通过构建实证模型进行分析的。主要研究了农户特征层面的年龄、受教育程度、总收入、收入结构、务农年限、对农业保险的认知程度，农业生产层面的产量波动程度、自然灾害发生频率，农业保险供给层面的保障水平、费率以及其他对农业保险具有挤出效应的风险管理措施等因素对农户购买意愿的影响效果（Hazell，1986；Smith 和 Baquet，1996；Vandeveer，2001；Makki，2002；Goodwin、Vandeveer 和 Deal，2004；Sherrick 和 Barry 等，2004；Shaik 等，2005；宁满秀等，2005；陈妍等，2007；惠莉等，2008；方伶俐，2008；陈华，2009；张小芹、张文棋，2009；赵建东等，2009；王伟等，2010；曹承承，2010；胡文忠等，2011；刘渝琳等，2012；彭可茂等，2012；柏正杰，2012；黄亚林，2013；张诗楠、朱佳锋，2014）。

张跃华等（2005）的研究表明，受教育时间较长、收入水平较高的农户更倾向于利用农业保险来分散农作物的生产风险。刘妍和卢亚娟（2011）对江苏省 379 个农户的调查数据进行的分析显示：农户的年龄、对保险的认知以及接受教育程度等因素明显影响农户的购买行为。杜鹏（2011）基于湖北省五县市农户调查数据的 Logit 模型结果显示，家庭农业人口数量、农业收入占比、对农业风险的认知、对农业保险的了解程度、保险保障水平和政府补贴会显著增加农户对农业保险的需求。

叶明华和汪荣明（2016）基于 2014 年对安徽省粮食种植户的 574 份调查数据进行的实证研究发现，种植户的种植业收入占比与农业保险偏好之间显著正相关即非农收入比例的提高会降低种植业农户对农业保险的依赖性；农业保险的技术性壁垒（如农业保险单的承包责任、免除责任以及价格的制定等）使教育水平较低的农户不能够精准地理解相关的农业保险术语，从而影响这部分农户投保农业保险。

晁娜娜和杨汭华（2017）利用中国保监会对全国 6492 个粮食种植户的农业保险需求调查数据，进行实证研究，结果发现，粮食种植户对保成本、保价格和保收入等不同的农业保险产品形态的购买意愿存在差异，对于不同的种植规模，种植户对保成本的边际需求最大；对于不同区域，粮食主产区种植户更愿意选择保产量的农业保险需求。有必要进一步完善物化成本保险，有重点地引导产量和收入保险。

上述研究中存在的共性是，这些研究中采用的方法从微观个体的视角出发，缺乏对宏观层面因素的考量，而且，受到样本数量和调查地域的限制，结论具有一定的局限性，难免以偏概全。

有学者以农业保险经营数据为因变量，分别从国家、省和保险公司层面对农业保险的影响因素进行了研究。比如，王韧（2012）利用误差修正模型对影响我国农业保险的主要因素进行了分析，结果发现，农民人均纯收入、自然灾害成灾率与我国农业保险保费收入呈负相关关系；赵桂玲、周稳海（2014）基于河北省11个地市面板数据的研究发现，人均地区生产总值、耕种面积能显著促进农业保险保费收入增长，而前期农业保险的赔付率对农业保险需求具有显著的抑制作用；孙维伟（2014）对人保财险公司在我国29个省（自治区、直辖市）2001—2010年度经营数据的研究结果表明，农业总产值和农民家庭人均纯收入与农业保险显著正相关。

张祖荣和马岚（2016）基于2007—2013年全国31个省（自治区、直辖市）的农业保险经营数据，以平均农业保险密度和平均农业保险深度为聚类分析指标，对全国不同地区的农业保险经营状况进行了聚类分析，将全国分为六类地区，比较六类地区发现，农业保险发展水平较高的地区一般政府支持力度大，保费补贴比例高；地区经济发展水平和农民的收入水平并不是影响农业保险发展水平的根本因素。祝仲坤（2016）的研究发现，从全国层面来看，优化市场与区域结构能够促进我国农业保险增长质量的上升；从省域层面来看，保费补贴以及专业性保险机构则有助于提升省域水平的农业保险增长质量。目前，学术界关于各因素对农业保险的影响争议较多，尚未达成一致结论。

鲜有研究将城镇化对农业保险的影响考虑在内，而上述微观调查数据中的诸多变量恰恰也和城镇化的发展密切相关。盖洛普（Gallup，1999）等指出，城镇化是经济发展的结果，也是经济发展的动力之一。城镇化发展对农业保险的影响是由城镇化对农业及农村的影响所推动的。城镇化对农村及农业发展的影响主要表现在：城镇化的发展使大量农民市民化，居民生活水平的提高催生出更多的农产品和劳动密集型服务需求，即城镇化对农村及农业发展具有后向关联效应（Cali and Menon，2009）。城镇化通过吸引劳动力从农村向城镇转移（Stark and Taylor，1991），节约了农村土地资源，使农业经营主体逐步摆脱"小而全"的结构，逐渐出现了各类农业专业户、农业生产联合体等专业的农产品生产及服务组织。城镇化发展对农村地区具有明显的正外部性（Bairoch，1988；Williamson，1990；Allen，2009），有助于农村地区人力资本的增加、先进生产技术和知识技能的获取。

现有的关于城镇化与农业保险关系的研究，主要从土地流转、农业产业化、现代化和农民风险管理意识觉醒几个方面，就城镇化对农业保险的影响进行论述和简单的相关性分析，这些研究认为，城镇化将给农业保险需求带来可观的增长空间。

石晓军、郭金龙（2013）对新型城镇化进程中农业保险的发展进行了前瞻性分析，指出城镇化带来的农村土地流转、农业产业化以及农民人力资本意识的觉醒将给中国农业保险需求带来可观的增长空间。郑军、袁帅帅（2015）对城镇化背景下的土地流转意愿、第三产业比重以及高中以上文化劳动力占劳动力比重变量与农业保险保费收入进行相关性分析，得出土地流转对农业保险需求的影响较小，农业产业化与农业保险需求的相关性存在较大地区差异，只有人们的受教育水平与农业保险高度相关，即城镇化发展并不必然增加农业保险需求的结论。不过，仅仅依赖相关性分析得出的结论可信度不够。在城镇化快速发展过程中，农民耕种土地的机会成本及我国土地流转成本的增长，使农村土地经营中出现了租值消散。张欣、于洋（2012）的实证结果表明，租值消散程度严重的地区，受灾面积与农业保险保费收入之间的相关关系不显著，农业保险的自主发展能力会减弱甚至丧失；相对于租值消散程度最高及最低的地区，租值消散程度居中地区农户的受教育程度对农业保险发展水平的影响最大。

王步天和林乐芬（2016）从农产品经营主体的视角出发，指出近年来伴随着农村土地经营流转制度的迅速推广，江苏省也出现了一类具有规模化、现代化特点的专业农业经营者即新型农业经营主体。采用江苏省2300份稻麦经营主体的调查问卷，比较传统的小农户与新型农业经营主体对农业保险的需求，研究指出，不同经营主体面临的农业风险有所差异，农业保险市场上单一的保险产品已经难以满足多元化主体对农业保险的需求。

王国军、赵小静等（2015）基于我国省级面板数据，就城镇化与农业保险的关系进行了深入的实证分析，结果发现，农业保险发展水平与城镇化水平显著正相关，不同发展模式的城镇化对于促进农业保险需求有着不同的影响，由非农业部门生产率提高所推动的城镇化，以及就地城镇化发展模式对农业保险发展的正向作用相对更大，认为农业保险产品创新、巨灾风险机制建立及财政支持力度应结合城镇化发展水平及发展模式进行调整。因此，本书在对河南省农业保险发展影响因素的分析中将城镇化发展水平纳入模型中，从更为宏观的视角揭示各个因素对农业保险的影响。

第三章　河南省农业生产及农业保险发展影响因素分析

在对河南省农作物保险风险进行等级和区域划分之前，需要先了解河南省农业生产的现状、受自然灾害影响的程度、河南省农业保险发展的历史与现状、影响河南省农业保险发展的因素及存在的问题。作为全国重要的农业和粮食大省之一，河南省粮食生产的稳定关乎河南省经济社会的良性发展。同时，河南省也是一个自然灾害频发的省份，农业保险在农业生产中的作用如何，只有将这些现实状况厘清之后，才能为河南省农业生产和农业保险的发展拓宽路径，对农作物保险的风险区划提出现实要求。

第一节　河南省农业生产状况

一　地理条件

河南省位于中国中东部、黄河中下游地区，因其大部分区域处于黄河以南，故此得名"河南"，简称"豫"。《尚书·禹贡》中分天下为"九州"，豫州因居九州之中，现在的河南省辖区大多属豫州，故又有"中州""中原"之称。

河南省域地跨北纬 31°23′—36°22′，东经 110°21′—116°39′，毗邻安徽、山东、河北、山西、陕西和湖北等省份，地理位置优越，国土面积16.7 万平方千米，占全国总面积的 1.73%，居全国第 17 位。河南省是中国第一人口大省、第一农业大省，在负担本省粮食安全的同时，也为全国的粮食生产和粮食安全战略做出了重大贡献。

河南省辖郑州、开封、洛阳等 18 个地市（含济源市），21 个县级市，86 个县，51 个市辖区，每个区县的自然条件和经济条件不尽相同，各个县市面临的自然灾害种类、发生频率和严重程度也各不相同。河南省各县市自然灾害状况的不一致也使农业生产状况差异较大，为农作物保险的风险区划和费率分区提供了自然基础。

河南省域内海拔相对高度差为2390.6米，最高处为位于灵宝市境内的老鸦岔，海拔2413.8米；最低处为23.2米，处于固始县淮河出省处。地势西高东低，太行山、伏牛山、桐柏山、大别山呈半环形沿省界分布开来；黄淮海冲积平原占据了中东部的大部分区域；西南部地区主要为南阳盆地。平原和盆地、山地、丘陵分别占总面积的55.69%、26.59%和17.72%。平原和盆地占据面积较大，较适宜农作物的种植。河南省域内跨长江、淮河、黄河和海河四大流域，省内河流流域在100平方千米以上的河流有560条，丰富的水资源为农作物的生产提供了一定的保障。

二 气候条件

河南大部分地处暖温带，具有北亚热带向暖温带过渡的大陆性季风气候特征，同时还具有自东向西、由平原向丘陵山地气候过渡的特征，其地理位置与地形分布使河南省具有四季分明、雨热同期、复杂多样和气象灾害频繁的气候特点。

河南省年平均气温徘徊于12.1℃—15.7℃，年均降水量处于532.5—1380.6毫米，降雨主要集中在6—8月，年均日照量达1848.0—2488.7小时，全年拥有无霜期189—240天，从雨、热、光分布的状况看，河南省适宜多种农作物生长，是全国重要的农产品生产基地之一，主要农作物有小麦、玉米、棉花、油料和烟叶等。

三 河南省农业发展状况

(一) 河南省农业生产概况

河南省总耕地面积约占全国耕地面积的6.51%，素有"中原粮仓"之称。近年来，河南省着力于发展现代农业，转变传统农业发展方式，逐渐由"靠天种地"的传统农业向"看天用天种地"的现代农业转变，注重专业大户、家庭农场、农民合作社、农业产业化龙头企业等新型农业经营主体健康发展，着重高标准良田和农业产业化集群的培育与建设，注重农业管理科学化，在优化管理方式的同时，不断创新工作方法，通过"万名科技人员包万村"、粮食生产专家督导组等不断创新科技服务，河南省的上述举措对稳定粮食生产起到了重要作用，也取得了一定的成果。

2015年，河南省粮食产量在高基数之上再创佳绩，全年粮食总产量达到 1213.42 亿斤，比上一年度增产 58.96 亿斤，连续 10 年产量超过 1000 亿斤，实现了粮食产量的 12 连增。未来 5—10 年，河南省仍然可以实现粮食大量调出，对国家粮食生产有着举足轻重的作用。

同时，河南省为全国人口大省，自身面临着较大的粮食压力。2015 年年末，总人口数达 10722 万，常住人口 9480 万，居住在城镇的人口数为 4441 万，占总人口的 46.85%，居住在乡村的人口数为 5039 万，占总人口的 53.15%，相较于 2010 年，河南省城镇人口增加了 790 万，城镇人口比重提高了 8.03 个百分点。从人口的结构状况看，总人口数以及城镇人口数的增加均增加了对粮食的需求，河南省自身面临省内需求产生的较大粮食压力。河南省粮食生产在取得长足发展的同时，有效地解决了 1 亿多人的口粮问题，在河南省经济发展复杂严峻的态势下，有效地发挥了基础性支撑作用，也为国家粮食安全做出了重要贡献。

2014 年，全国农作物播种总面积为 165446 千公顷，其中，河南省的农作物播种总面积为 14378.34 千公顷，占全国农作物播种面积的 8.7%；全国粮食总产量为 60702.6 万吨，河南省粮食总产量仅次于黑龙江省，为 5772.3 万吨，占全国粮食总产量的 9.51%，小麦、花生播种面积和总产量远超其他省（自治区、直辖市），居全国首位，尤其是作为重要口粮的小麦及油料的花生产量分别占全国小麦和花生总产量的 26.38% 和 28.59%；河南省无论农作物种植面积还是产量均在全国处于重要地位（见表 3-1），其中，粮食作物的面积及总产量在全国占据着举足轻重的地位。

表 3-1　　　　2014 年河南省主要农作物播种面积、产量及占比

	农作物播种面积（千公顷）				农作物产量（万吨）				
	总播种面积	粮食	小麦	玉米	花生	粮食	小麦	玉米	花生
全国	165446	112723	24069	37123	4604	60702.6	12620.8	21564.6	1648.2
河南	14378.34	10209.82	5406.67	3283.86	1058.32	5772.3	3329	1732.05	471.29
所占比重（%）	8.7	9.06	22.46	8.85	22.99	9.51	26.38	8.03	28.59

资料来源：表中数据由《河南统计年鉴（2015）》和《中国统计年鉴（2015）》相关数据整理得到。

本书收集并梳理了河南省1990—2014年25年的农作物播种面积、粮食作物播种面积、小麦播种面积、玉米播种面积、花生播种面积的数据，并分别对其面积占比进行了计算后得到了河南省历年主要农作物种植结构情况（见附录一）。

从河南省历年主要农作物种植结构情况可以看出，河南省主要农作物播种面积和粮食作物播种面积，小麦、玉米和花生播种面积均呈平稳增长的态势，总体变化不大。河南省棉花种植面积逐渐萎缩，自1990年的823千公顷下降至2014年的153.33千公顷。

从河南省农作物种植结构来看，河南省以粮食作物为主，历年粮食作物面积占总播种面积的70.18%，花生、棉花和其他作物占比较低，为29.82%，粮食作物中以小麦和玉米的播种面积较大，其中，小麦的播种面积占37.94%，玉米的播种面积占18.40%。油料作物中花生的播种面积最大。小麦、玉米、花生和棉花为河南省主要的农产品，播种面积总和占河南省农作物总播种面积的68.51%。

河南省在有序推进土地流转的同时，努力发展农业适度规模经营。坚持在依法自愿有偿和加强服务的基础上，不断完善土地承包经营权流转市场，截至2015年，河南省有103个县市、833个乡镇建立了土地流转服务大厅，1571个乡镇有专人负责土地流转服务工作。截至2015年，河南省农村土地流转面积3393万亩，占家庭承包经营耕地面积的34.8%。土地流转工作的顺利推进，为农业的规模化经营奠定了基础和基本的土地保障。

近年来，河南省农业产业化进程不断加快，农产品加工企业蓬勃发展。2014年，河南省规模以上农产品加工企业销售收入达1.88万亿元，约占河南省规模以上工业的27.8%，农业产业化发展初见成效，农业综合效益和功能不断提升。

数据显示，截至2016年年底，河南省粮食种植面积10286.15千公顷（比上年增长0.2%。其中，小麦种植面积5465.66千公顷，相较于2015年增长了0.7%；玉米种植面积3316.86千公顷，相较于2015年下降了0.8%；棉花种植面积100.00千公顷，相较于2015年下降了16.7%；油料作物种植面积1624.76千公顷，相较于2015年增长了1.5%。

（二）河南省农业惠农政策状况

为促进农业健康发展，河南省实施了一系列惠农政策，如对河南省棉花和油料良种补贴、测土配方施肥补贴和土壤有机质提升补贴（2014年改名耕地保护与质量提升项目）。

1. 棉花、油料良种补贴

2013年，河南省棉花良种补贴覆盖全省，补贴标准为15元/亩；油菜补贴覆盖整个信阳市，补贴标准为10元/亩；花生补贴覆盖正阳等25个大县，补贴标准为生产大田10元/亩，良种繁育田50元/亩。其中，棉花、油菜以及花生大田补贴均采用"一折通"（或一卡通）的形式由财政部门直接补贴给群众，花生良种繁育补贴资金则须经县招标程序，由财政部门直接拨付给供种企业。

2. 测土配方施肥补贴

河南省继续在133个县（市、区、场）实施测土配方施肥补贴项目。按照农业部的统一部署，以组织测土配方施肥补贴项目实施和扩大配方肥推广应用为工作重点，积极开展测土配方施肥技术普及行动和农企合作推广配方肥试点工作。

2013年，河南省共推广测土配方技术9686.5千公顷，其中配方肥施用面积达到3899.3千公顷），比上年增加540.6千公顷，占农作物总播种面积的69.19%，受益农户占河南省农村总户数的77%。

2005—2013年，河南省累计推广应用测土配方施肥技术7.64亿亩次（其中配方肥施用面积达3亿亩次），测土配方施肥较习惯施肥平均增长7%—15%，亩均减少不合理用肥1.14公斤，总节肥87.1万吨，平均亩节本增效42.64元，总节本增效325.8亿元。

3. 耕地保护与质量提升项目

河南省实施土壤有机质提升补贴项目，在省辖市土肥站推荐的基础上，筛选出一些县市实施有机质提升补贴项目，主推玉米秸秆腐熟还田技术、地力培肥综合配套技术和绿肥种植技术三种模式。

如2013年，河南省共推广玉米秸秆粉碎还田腐熟技术6.67万公顷，综合应用地力培肥技术0.53万公顷，绿肥种植0.73万公顷，改善了项目区土壤理化性状、培肥土壤、增加作物抗性，提高了农产品产量和质量，减轻了秸秆焚烧造成的环境污染，在保护生态环境方面也取得了显著效果。从2014年开始，土壤有机质提升项目改为耕地保护与质量提升项目。

（三）河南省农业对国家粮食安全的贡献

综合上述两部分内容，不难发现，河南省一直非常注重农业生产尤其是粮食生产，也为全国粮食安全做出了重要贡献，为了更为清晰地了解河南省在全国农业生产和粮食生产中的地位，本书选取了一些反映粮食安全的指标，通过实证分析，更加直观地给出河南省农业对中国粮食安全的重要贡献程度。

联合国粮农组织（Food and Agriculture Organization，FAO）1996 年对粮食安全的第三次诠释是目前公认的对粮食安全较为权威的解释："在任何时候，某一地区所有人在物质上和经济上获得能够满足其积极和健康生活膳食需要和喜好的足够、安全和富有营养的粮食时，才实现了粮食安全。"要达到上述粮食安全的基本要求，就要分别确保生产足够数量的食品，最大限度地稳定食品供应及确保所有需要食品的人都能获得食品。

为较为清晰地明确河南省粮食生产对我国粮食安全的具体贡献，本书分别选取了粮食自给率、人均粮食占有量和粮食生产波动水平三个指标来综合评价河南省的粮食安全水平及对全国粮食安全的贡献。其中，全国和河南省的粮食产量数据、常住人口由历年《中国统计年鉴》和《河南统计年鉴》汇总得到。

我国将人均粮食占有量 400 千克/（人·年）划定为粮食安全标准线。粮食自给率为粮食生产量占总消费量的比重，即某一地区消费的粮食中来自本地区生产的比重。本书采用经验估计法计算河南省的粮食自给率，以粮食安全标准线为基准，粮食自给率的估算公式具体可以表示为：粮食自给率＝粮食总产量/（常住人口·400）。

本书估算了 1990—2013 年 24 年的河南省粮食自给率，在图 3 - 1 中，横轴表示年份，纵轴表示河南省粮食自给率，结果发现，河南省平均粮食自给率达到 116%。1990—2004 年，河南省的粮食自给率在波动中整体呈现上升趋势。上升的幅度不大，甚至在中间个别年份出现了较先前年份下降的情况。自 2004 年以来，河南省粮食自给率迅速提升，2004—2013 年，河南省粮食生产在实现自给的同时对我国粮食安全具有正向的贡献（见图 3 -1）。从河南省粮食自给率的曲线图中可以看出，多年来，河南省在实现省内人口粮食自给的同时也为全国粮食自给率的平均水平做出了较大的贡献。

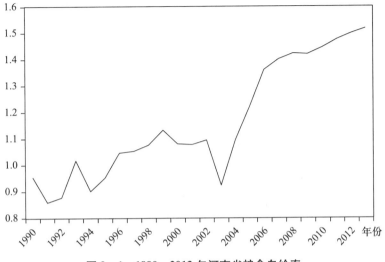

图 3 - 1　1990—2013 年河南省粮食自给率

　　下面从人均粮食占有量的角度进一步说明河南省粮食生产对全国粮食安全的重要程度。在某一地区的粮食总产量一定的假设条件下，人均粮食占有量可以在一定程度上反映该地区的粮食安全水平。即人均粮食占有量越高，则该地区的粮食安全水平相应也越高。如图 3 - 2 所示，带星号的直线表示历年全国人均粮食占有量，不带星号的直线表示河南省历年人均粮食占有量。

　　从图 3 - 2 中可以看出，河南省人均粮食占有量呈波动式上升态势。1996 年以后，河南省人均粮食占有量均在全国平均水平之上，表明河南省的粮食安全程度大于全国水平，但是，河南省的人均粮食占有量波动程度较大，而全国人均粮食占有量波动较小，这可能是因为在全国水平上有些省（自治区、直辖市）的波动被其他省（自治区、直辖市）的波动抵减所致。从全国和河南省人均粮食占有量变化趋势看，河南省人均粮食占有量的波动程度大于全国平均水平，最为重要的是，在河南省人均粮食占有量下降的年份、上升的年份，全国的人均粮食占有量也呈现出了相应的下降和上升趋势，不过变化的幅度小于河南省的变化幅度，可以从河南省人均粮食占有量增减的趋势对全国人均粮食占有量进行粗略的预测与估计。无论是从波动程度及趋势或者是人均粮食占有量的绝对值看，河南省人均粮食占有量均大于全国人均粮食占有量。可见，河南省对稳定全国的人均粮食占有量具有重要的作用。

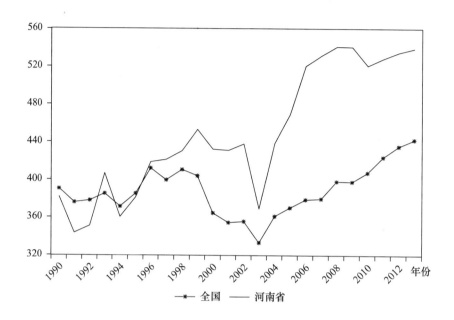

图 3 - 2　1990—2013 年全国、河南省人均粮食占有量

　　进一步地，本书选取相应指标以检验河南省粮食产量的稳定状况，并将其与全国的粮食产量稳定状况进行对比分析。经济学家斯韦德伯格（Svedberg）指出，一个地区的粮食总产量决定了该地区的粮食供给能力，并给出了反映粮食产量稳定状况的粮食产量波动系数。

　　本书用简化了的斯韦德伯格波动系数来表示全国和河南省粮食产量的波动程度，其计算公式为：

$$VI = \frac{Q_t - \hat{Q}_t}{\hat{Q}_t} \tag{3.1}$$

　　其中，VI 为粮食产量波动系数，Q_t 为实际粮食产量，$\hat{Q}_t$ 为平均趋势粮食产量，系数越小的绝对值越小，则表明该地区粮食生产的稳定性越强。

　　分别利用全国、河南省 1990—2013 年粮食产量的年度数据，对其时间趋势进行简单的回归分析，得到以下回归式：

　　全国水平：

$$\hat{Q}_t = 539.4061t + 42575.02, \quad t = 1, 2, \cdots, 24 \tag{3.2}$$

　　河南省：

$$\hat{Q}_t = 118.7307t + 2852.001, \quad t = 1, 2, \cdots, 24 \qquad (3.3)$$

全国及河南省粮食波动系数见图 3 - 3。带三角符号的直线表示全国的粮食波动系数，直线为河南省粮食波动系数。

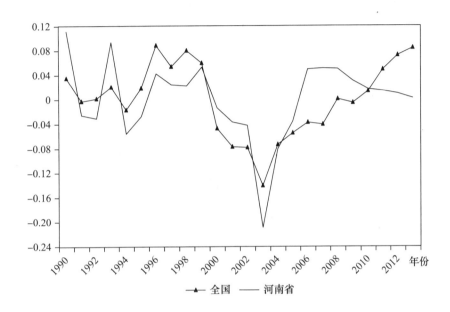

图 3 - 3　1990—2013 年全国、河南省粮食斯韦德伯格波动系数

　　总体来看，河南省乃至全国的粮食波动系数发展趋势并不稳定。具体来看，1990—1998 年，全国粮食波动系数呈现出在波动中上升的趋势，全国粮食产量稳定程度较低。不过，1998 年以后，全国粮食波动系数呈悬崖式下降趋势，并于 2003 年达到谷底，为负向波动，波动系数为负则表明全国粮食实际产量低于趋势产量，且对趋势产量的负向偏离程度逐渐增大。而后逐渐上升，不过上升的幅度较为平缓。2010 年以后，粮食波动系数为正值，全国粮食产量逐渐大于趋势产量，呈增长趋势。

　　河南省粮食波动系数为负值的年份较多，波动的趋势大体与全国总体水平一致，只不过幅度远大于全国水平，即相对于全国水平而言，河南省粮食生产稳定性较弱，较为特殊阶段为 2007 年以后，河南省粮食波动系数为正且呈下降趋势，表明河南省粮食产量在逐渐向其时间趋势产量靠近。借助河南省和全国粮食斯韦德伯格波动系数图，从河南省的粮食波动系数的发展趋势可以估计，下一阶段，全国粮食波动系数可能也将会呈现下降趋势。

从上面关于粮食自给率、人均粮食占有量以及粮食波动系数的比较分析中可以得出较为一致的结论：河南省粮食生产为确保全国粮食安全做出了重大贡献，从河南粮食生产的变化趋势，可以估计出全国的粮食生产的变动方向。可以将河南省粮食波动作为全国粮食波动的预警指标，稳定河南省粮食生产对于保障全国粮食安全意义重大。重视与促进河南省农业的健康稳健发展有助于保障全国粮食安全。

四　河南省农业生产中的潜在问题及自然风险

（一）城镇化发展导致土地和劳动力的双重流失

"以地为本"的中国式城镇化使中国城乡社会经济发展格局产生了巨大变化，单纯的城市面积扩张造成农村耕地面积日益减少，城镇化建设对农村剩余劳动力的吸纳使农业生产面临劳动力老龄化的趋势。以促进1亿农业转移人口落户城镇为目标的《国家新型城镇化规划（2014—2020年）》的出台无疑将会对城乡社会经济结构及传统农业生产产生深刻的影响。

按照 Nguyen（2014）就生产部门发展与城镇化之间的内在联系将城镇化类型划分为农业部门推动的城镇化和非农产业推动的城镇化两种，河南省属于农业部门推动的城镇化，这种城镇化会对农村劳动力产生"挤出效应"。基于城镇化空间组织模式的分类，从迁移距离的远近或者是否跨区迁移，学者将城镇化划分为就地城镇化和异地城镇化（石忆邵和朱卫锋，2004；颜如春，2004），河南省属于偏向就地城镇化地区，农村居民能够获得更多的来自城镇化发展的"溢出效应"，并有利于基层政府财力的增强。

河南省城镇化进程不断加速，城镇化率从 2000 年的 23.2% 增长到 2013 年的 43.8%，根据美国城市地理学家诺瑟姆（Ray M. Northam）1979 年提出的关于城镇化发展的时间模型，河南省目前的城镇化水平处于城镇化发展加速阶段，劳动力将不断地从第一产业转向第二、第三产业。这些人类行为因素使河南省农业生产存在土地和劳动力的双重流失问题。

（二）农业产业化程度低

总体来说，河南省人口众多，耕地资源紧缺，人均耕地面积小，仅为 1.16 亩，严重阻碍了农业发展和生产率的提高。同时，由于耕地面积的减少，河南省粮食生产能力正在以每年两亿千克的速度下降（张敬仲，2008）。城镇化的发展在提升居民生活水平的同时，催生出更多的农产品和劳动密集型服务需求，使原本不足的耕地资源问题更加凸显，粮食安全问题堪忧。尽管河南省家庭农场、专业大户、农民合作社以及农业企业呈现出蓬勃发展之势，但《河南农业年鉴》显示，今后相当长时期内，河南农业以传统农户、兼业农户为主的经营格局不会改变。

近年来，河南省注重农业生产与农业产业化经营并重，多措并举，大力培育农业产业化集群，完善现代农业产业体系以不断提高农业综合效益。示范性农业产业化集群的建设为吸纳农民就业，带动农户发展，促进农民增收产生了一定的成效，但是，农业产业化龙头企业仍然较少，农业产业化的发展进程缓慢。

（三）劳动力资源约束

城镇化发展对农村劳动力的影响主要体现在数量和结构上。一方面，城镇化发展进程中，城市、小城镇建设加速，为农民提供了高于农村农业生产中的工资及提升机会，这些因素对劳动力资源的吸纳使农村劳动力迅速转入城市化建设中，造成农村和农业发展出现劳动力资源缺乏。

另一方面，城镇化建设对中青年劳动力的强大需求使农村劳动力老龄化、女性化现象严重，而这些群体普遍缺乏农业生产的积极性和技能，接受新的科学技术知识的能力比青壮年要慢，对新型农业产业化发展的适应能力也较弱。谁来种地，怎样种好地？也已成为关乎农业农村发展全局的现实问题。

（四）气象灾害严重

农业的发展总是与抵御自然灾害的侵袭破坏紧密相连的，人们期盼风调雨顺，可是，各种自然灾害总是不期而遇，农业生产的成果往往因为巨大的自然灾害而毁于一旦。

从河南省的地理条件和气候条件看，河南省辖区内县市个数较多，各县市的自然条件不尽相同，自然灾害发生的种类、概率和程度存在明显的区域差异性。河南省几乎每年都会发生各种类型的自然灾害，并影响到其农业生产，自然灾害发生区域内的农作物轻则受灾，通过抢救补救措施可以挽回部分损失；重则受灾农作物绝收，严重影响当地农业的生产生活，甚至会影响到下一阶段农作物的播种，损失严重。

河南省是我国自然灾害种类多、范围广、危害重的省份之一。如

1942—1943 年，河南省遭遇特大干旱，受灾面积达河南省耕地面积的
90%以上，波及河南省 50 多个县，河南省 3000 多万人口中饿死 300 万
人。1975 年 8 月 4—8 日，南阳、许昌、驻马店连降特大暴雨，板桥等毗
邻的水库相继垮坝，洪水祸及 30 多个县市、1100 多万人口、406 万多公顷
农田受灾，直接经济损失过 100 亿元，2.6 万人丧生。这些特大灾害留给我
们的不仅仅是一组触目惊心的数据，更是长久不灭的遗憾和深深的悲伤。

第二节　河南省农业保险发展状况

　　农业保险作为一种重要的支农惠农工具，为弥补灾后农户损失、恢
复农业生产、保障农业的稳定发展起到了积极作用。2015 年的"中央一
号文件"有 11 处提及保险，要求各级政府强化对农业保险的推广工作。

　　河南省于 2007 年开展自主政策性农业保险试点，经过近几年的发展，
河南省已成为全国农业保险业务发展最快的省（自治区、直辖市）之一。
从保费收入看，2007—2013 年，河南省农业保险保费收入从 0.68 亿元增
加至 15.466 亿元，年均增长 211.23%，累计保费收入为 45.06 亿元；从
保费赔付情况看，保险赔付额由 0.14 亿元增加到 7.33 亿元，年均增长率
为 93.42%，累计赔付额达到 29.16 亿元；从农业保险财政补贴看，各级
政府（包括龙头企业）补贴比例合计占 80%—100%，各级财政累计拨付
保费补贴资金 29.16 亿元，2015 年，河南省农业保险保费补贴额达到
11.4 亿元，财政补贴的作用十分显著。从覆盖区域看，已由最初的洛阳
市、三门峡市试点区域拓展至河南省 108 个县市，覆盖农户达千万户次，
农业保险的保障功能和发展态势显而易见。河南省农业保险的发展历史
大致可以划分为两个大的阶段，即 2006 年及以前完全市场化的商业性农
业保险发展阶段和 2007 年以来政府支持下的政策性农业保险快速发展
阶段。

一　2006 年及以前完全市场化的商业性农业保险发展阶段

　　自 20 世纪 50 年代初起，河南省开始尝试从保险途径来分散农业生产
风险。1984 年，种植业中主要包括小麦、水稻、花生、棉花、烟叶以及
果木、林木火灾、塑料大棚等险种；养殖业逐渐开办了生猪、奶牛、鸡、
鱼、兔、鹿、貂等各项保险业务，业务范围覆盖了种植业和养殖业保险，

农业保险进入全面发展阶段。

1992 年，河南省对农业保险经营方式进行创新，建立了农村互助统筹保险模式，得到了国内其他省份和地区的认可与推广。然而，1998 年以后，河南省农业保险和全国其他地区农业保险一样，缺乏有效的政府财政、行政支持，保险公司农业保险业务处于亏损状态，经营规模急剧缩减。

2003—2005 年，高达 87% 的保险赔付率使中国人保在南阳、商丘、周口和新乡等地区开展的小麦、棉花保险以失败告终。至 2006 年年底，河南省农业保险保费收入呈负增长态势，保险机构开始逐渐放弃效益低的农业保险业务，仅保留了小麦火灾保险、农房保险和变压器保险三个险种，以人保公司为代表的商业化农业保险经营尝试以失败落幕。

二　2007 年以来政府支持下的政策性农业保险快速发展阶段

在"中央一号文件"精神的指导下，结合河南省农村经济和农民生产生活保障的实际情况，2007 年，河南省发布了《河南省政策性农业保险试点方案》，正式启动了针对河南省省情的政策性农业保险试点。同年，河南省政策性农业保险实现重大突破，其中保费收入和赔款支出分别同比增长 117 倍和 20 倍，农业保险的保障金额达到 27.5 亿元，同比增长了 28 倍。

2008 年，在河南省地方政策性农业保险试点基础上，通过各方协调努力和组织落实，河南省成为中央财政补贴农业保险费的试点省（自治区、直辖区）之一，试点的地区范围和保险品种进一步扩大。

2008 年，河南省财政厅、农业厅等共同制订了《河南省开展水稻棉花保险试点工作实施方案》，水稻保险在信阳市开展（含固始县）承保，棉花保险则在南阳、周口两市开展（含邓州市、项城市）承保。5 月 23 日，人保财险南阳市唐河支公司成功地签下河南省政策性棉花种植保险河南省第一单，对南阳市唐河县 52 万亩棉花实现一张保单全县统保，共收取保费 936 万元。6 月 11 日，人保财险信阳市分公司成功地签下河南省政策性水稻种植保险第一单，承保信阳市光山县 70 万亩水稻种植保险，承担农业风险责任 16940 万元。

同年，河南省政策性农业保险承保品种由单一向多元转变覆盖种养两业 5 个品种，提供保险保障 67.9 亿元，支付农业保险赔款 2.1 亿元，使河南省受惠农户 25 万户，为建立健全多层次政策性农业保险体系奠定了基础。

在立足为河南粮食核心区建设提供风险保障,积极推进水稻、棉花保险试点工作的同时,2009 年,河南省开展了玉米、奶牛保险,共为528.39 万参保农户提供保险保障 99.44 亿元。2010 年 7 月,河南省政府成立了农业保险工作领导小组,下发了《河南省 2010 年农业保险工作方案》,河南农业保险承保范围进一步扩大,承保品种达到 13 个,政策性农业保险品种扩大到 8 个。

2011 年 4 月 20 日,《河南省国民经济和社会发展第十二个五年规划纲要》发布,在继续加大对保险业政策扶持的同时,纲要突出强调要进一步加快农业保险发展,重点在于引导与调动龙头企业资助农户参保的积极性。农业保险试点品种和范围进一步扩大,水稻、棉花保险由试点区域向全省推广,小麦保险试点范围扩展至 9 个省辖市。农业保险累计承保面积 2913 万亩,是上年的 3.09 倍;参保户次达 442 万户,是上年的3.22 倍;保费规模较上年增长 139%;农业保险综合成本率 67.69%,同比下降 77.45 个百分点;为受灾受损农户支付农业保险赔款 2.05 亿元,较好地保障了农业生产。

2012 年,河南省农业保险覆盖农户 948.21 万户,受益农户 95.11 万户,实现保费收入 11.79 亿元,同比增长 175.16%,其中,小麦保险保费占 42.84%,玉米保险保费占 42.4%,水稻保险保费占 6.18%,有力地支持了河南省粮食生产。2013 年,河南省农业保险覆盖农户 988.23 万户次,农业保险财政补贴品种由 12 个增加到 14 个,农业保险保费补贴额达到 11.4 亿元。2016 年,河南财政厅印发《河南省 2016 年农业保险工作方案》,其中的一项重要内容,就是为产粮大县"减负"。

三 河南省农业保险快速发展的特征与成效分析

（一）保费规模增长迅速,赔付率趋于稳定,初步形成良性经营基础

2007—2015 年,河南省农业保险试点地区从最初的洛阳、三门峡、修武、偃师等地,已经扩展到河南省 18 个省辖市覆盖下的 108 个县市,保费规模逐年上升,参保群众和受益群众也逐年增加。

2007—2013 年,河南省农业保险保费收入逐年递增,年平均增长率达到 361.29%,农业保险保费收入仅次于机动车辆保险,成为财产保险公司的第二大险种,占财产保险保费总收入的比重也由 2007 年年初的不足 1%上升到 5.94%。7 年间向农民支付赔款累计 23.23 亿元,较大地增强了农户灾后恢复重建的能力。除 2010 年洪涝灾害和冻害严重造成农业

保险赔付率达到195.29%之外，农业保险每年赔付率均稳定在23.46%—68.93%，累计赔付率为53.95%，如果将15%—20%的经营费用考虑进去，保险公司基本能够实现微利经营，已初步建立河南省农业保险发展的良性经营基础。

2005—2013年河南省农业经营状况如表3-2所示。

表3-2　　　　　　　　2005—2013年河南省农业保险经营状况

年份	农业保险保费收入（百万元）	财险保费（百万元）	占财险保费收入比重（%）	农险赔款支出（百万元）	财险赔款（百万元）
2005	0.68	3665.50	0.02	0.40	2062.02
2006	1.18	4933.26	0.02	0.47	2382.61
2007	68.20	6693.69	1.02	16.00	3324.68
2008	375.48	8065.86	4.66	258.80	4645.24
2009	530.24	9773.95	5.43	356.30	5271.26
2010	178.81	13484.83	1.33	349.19	7100.85
2011	428.12	16305.48	2.63	203.70	7536.24
2012	1178.74	19577.15	6.02	401.83	10423.03
2013	1546.60	24354.53	6.35	737.63	12422.16

年份	占财险赔款比重（%）	农村人口人均农险保费（元/人）	农险当年赔付率（%）	农险累计赔付率（%）	自然灾害直接经济损失（亿元）
2005	0.02	0.01	58.82	58.82	81.50
2006	0.02	0.02	39.83	46.77	32.20
2007	0.48	1.11	23.46	24.08	82.10
2008	5.57	6.22	68.93	61.87	
2009	6.76	8.97	67.20	64.77	99.28
2010	4.92	3.11	195.29	84.98	195.20
2011	2.70	7.67	47.58	74.86	62.00
2012	3.86	21.77	34.09	57.46	26.80
2013	5.94	29.23	47.69	53.95	109.60

资料来源：表中数据由历年《中国保险年鉴》和《河南统计年鉴》统计计算得到。

（二）保险种类渐增、保障水平稳步提升

　　河南省政策扶持的农业保险承保对象种类和范围不断增加。2007 年试点之初，仅开展了地方财政补贴的烟叶和肉鸡、奶牛保险，后来在中央财政支持下，增加到覆盖种养两业的 14 种政策性农业保险（见表 3 - 3、表 3 - 4 和表 3 - 5）。政府倡导有条件的市县积极探索多样化的农业保险品种，可根据各县市的实际情况，自行自主试点开展具有地方特色的险种。

表 3 - 3　　2007—2010 年河南省农业保险品种、保障水平、覆盖区域

2007 年				2008 年			
保险品种	单位保额	保险费率	开展地区	保险品种	单位保额	保险费率	开展地区
烟叶	500 元/亩	4.8%	洛阳、三门峡	水稻	242 元/亩	8%	信阳市（含固始县）
肉鸡	8 元/只	3.75%	修武县	棉花	225 元/亩	8%	南阳、周口（含邓州市、项城市）
奶牛	5000 元/头	4%	偃师市				

2010 年							
保险品种	单位保额	保险费率	开展地区	保险品种	单位保额	保险费率	开展地区
玉米	192 元/亩	6%	河南省	能繁母猪	1000 元/头	6%	河南省
小麦	311 元/亩	6%	洛阳、驻马店	奶牛	5000 元/头	4%	河南省
水稻	263 元/亩	6%	信阳市（含固始县）	烟叶	500 元/亩	4.8%	洛阳、三门峡
棉花	267 元/亩	6%	南阳、周口（含邓州市、项城市）	肉鸡	8 元/只	3.75%	修武县

　　资料来源：2007 年《河南省政策性农业保险试点方案》和 2008 年《河南省开展水稻棉花保险试点工作实施方案》。

表 3 – 4　　2012—2013 年河南省农业保险品种、保障水平、覆盖区域

2012 年				2013 年			
保险品种	单位保额	保险费率	开展地区	保险品种	单位保额	保险费率	开展地区
玉米	251 元/亩	6%	河南省	玉米	301 元/亩	6%	河南省
小麦	311 元/亩	6%	河南省	小麦	383 元/亩	6%	河南省
水稻	278 元/亩	6%	河南省	水稻	334 元/亩	6%	河南省
棉花	302 元/亩	6%	河南省	棉花	370 元/亩	6%	河南省
大豆	98 元/亩	6%	河南省	大豆	142 元/亩	6%	河南省
花生	292 元/亩	6%	河南省	花生	470 元/亩	6%	河南省
油菜	149 元/亩	6%	河南省	油菜	165 元/亩	6%	河南省
公益林	500 元/亩	2‰	河南省	奶牛	5000 元/头	4%	河南省
能繁母猪	1000 元/头	6%	河南省	能繁母猪	1000 元/头	6%	河南省
奶牛	5000 元/头	4%	河南省	育肥猪	500 元/头	6%	河南省
烟叶	500 元/亩	4.80%	洛阳、三门峡	公益林	500 元/亩	2‰	河南省
肉鸡	8 元/只	3.75%	修武县	商品林	经济林、园林绿化类 800 元/亩；其他 600 元/亩	3‰	洛阳、三门峡市
				烟叶	900 元/亩	4.80%	河南省
				肉鸡	8 元/只	3.75%	河南省

资料来源：《河南省 2012 年农业保险工作方案》《河南省 2013 年农业保险工作方案》。

表 3 – 5　　　　　2015 年河南省农业保险的保险金额、保费水平

品种	单位保险金额	保险费率	单位保费	品种	单位保险金额	保险费率	单位保费
玉米	329	6%	20	能繁母猪	1000 元/头	6%	60 元/头
小麦	447	6%	27	育肥猪	500 元/头	6%	30 元/头
水稻	487	6%	29	奶牛	8000 元/头	4%	320 元/头
棉花	414	6%	25	肉鸡	8 元/只	4%	0.3 元/只
大豆	174	6%	10	公益林	500 元/亩	2‰	1 元/亩

续表

品种	单位保险金额	保险费率	单位保费	品种	单位保险金额	保险费率	单位保费
花生	457	6%	27	经济林、园林绿化树种等	800 元/亩	3‰	2.4 元/亩
油菜	193	6%	12	其他商品林	600 元/亩	3‰	1.8 元/亩
烟叶	900	5%	45	小麦种业保险	1000 元/亩	7%	70 元/亩

资料来源：根据《河南省 2015 年农业保险工作方案》整理计算得到。农作物的保险金额：元/亩，单位保费指每亩的农作物保险的保费。

在保障水平方面，河南省政策性农业保险按照"低保障、广覆盖"的原则进行，仅保障标的的物化成本①或其生理价值。② 大多数种类的保险金额都逐年增加，如水稻保险、棉花保险、玉米保险、大豆保险、花生保险、油菜保险等，其中，棉花保险的保险金额由 225 元/亩增加到414 元/亩，保险费率也由 8% 调整到 6%，保障水平稳步提升。中央财政补贴的农业保险的覆盖区域由最初在信阳、周口和南阳三市的试点开展到现在覆盖河南省所有县市。

（三）保险承办机构增多

农业保险承办机构由 2007 年、2008 年的人保财险河南分公司、中华联合保险河南分公司增加到 2014 年的人保财险、中华联合、永安财险、太保产险、国寿财险、平安财险、国元农险、安邦财险 8 家河南省分公司。2014 年成立的中原农险作为河南省农业发展和农村金融制度创新的一个重要组成部分，为河南省农业保险经营机构注入了新鲜血液。

（四）增加特色农业为地方性扶持保险险种，财政扶持力度加大

除中央规定的补贴性险种外，2007 年以来，河南省各地市开展了地方财政扶持的特色农业保险试点品种如烟叶保险、肉鸡保险。自 2008—2014 年开办烟叶保险以来，累计承保烟叶 372.33 万亩，保费收入

---

① 包括种子成本、化肥成本、农药成本、灌溉成本、机耕成本和地膜成本等。
② 包括购买价格和饲养成本。

11016.43 万元，累计赔付 9331.97 万元，赔付率达 84.71%。

在保费补贴方面，2008 年，中央财政注入 38.99 亿元的农业保险保费补贴到试点省（自治区、直辖市），其中种植业保费补贴结构为中央 35%，省市级等地方财政承担 25%，其余部分由农户承担，或者由农户和龙头企业、省市县级财政部门共同承担。2009 年，各级政府为进一步减轻投保农民个人缴费负担，将中央对河南省的种植业的保费补贴比例进一步提高到 40%。同时，省市县（区）级政府对农业保险的补贴力度也相应提高。2014 年，省财政一共拨付保险保费补贴资金 6.5 亿元。2015 年河南省农业保险保费分摊明细情况如表 3 - 6 所示。

表 3 - 6　　　　　　2015 年河南省农业保险保费分摊明细　　　　　单位:%

品种	中央财政	地方财政（省、市、县）	农户和企业	烟草公司
种植业（水稻、玉米、油菜、小麦等）	40	25、5、10	20	
养殖业（能繁母猪、育肥猪等）	50	30①	20	
小麦种业保险	65		35（企业）	
公益林	50	50②		
商品林	30	25、5、10	30	
烟叶保险		40	10	50
肉鸡保险		50	30（农户）、20（企业）	

注：对直管县的保费分担：中央为 40%，省为 30%，直管县为 10%。烟叶和肉鸡保费财政补贴资金由市、县财政部门安排，分担比例由市、县政府研究决定。

资料来源：根据《河南省 2015 农业保险工作方案》整理得到。

目前，尽管对于不同的农作物和养殖品种的保费补贴有所差异，但河南省各种农作物或养殖品种的保险费率仍然采取河南省统一制订的方案，河南省区域内费率相同。如小麦保险每亩保费为 27 元，玉米保险每

---

① 市、县按 3∶7 的比例分担，直管县则全额负担。

② 河南省级财政负担。

亩保费为 20 元，油菜保险每亩保费为 12 元。中央、地方财政、农民对这些常见农作物的保费分担比例依次为 40%、40% 和 20%。育肥猪的保险金额为每头 500 元，单位保费为每头 30 元，各级财政补贴保费 80%，农民自缴部分只有 20%。2015 年的财政保费补贴方案，在减轻了农民的缴费负担、提供更大的风险保障的同时，也极大地提高了农民的投保热情。

中央和河南省各级地方政府对农业保险发展的高度重视，为河南省农业保险的全面推进提供了良好的政策环境。截至 2015 年年底，河南省三大粮食作物玉米、小麦和水稻的参保率分别达到 40.68%、28.92% 和 28.13%，各级财政已累计负担河南省农业保险保费补贴资金 57.10 亿元，仅 2015 年当年就向 152.16 万户次农户支付了 7.78 亿元赔款。

2016 年，河南省财政厅印发了《河南省 2016 年农业保险工作方案》，该方案中最重要的一项内容就是为产粮大县"减负"，提高中央和省级财政补助比例，市级财政补贴比例不变，取消产粮大县县级保费补贴。

2016 年，取消的产粮大县三大粮食作物县级保费补贴，主要涉及玉米、小麦和水稻三大粮食作物财政补贴的农业保险，涉及河南省 104 个国家级产粮大县，而种植业中的棉花、大豆、花生、油菜保险的财政分担比例与 2015 年相比没有变化。

2016 年，调减玉米、小麦和水稻三大粮食作物的各级政府保费补贴主要如下：济源市和 22 个省财政直管县产粮大县，自 2016 年起，中央、省、市、县财政和农户保费负担比例调整为 47.5%、32.5%、0、0 和 20%；另外 81 个非财政直管县产粮大县，保费负担比例调整为 45%、30%、5%、0 和 20%。结合河南省大多数产粮大县都是财政穷县的实际情况，为产粮大县的减负有助于提升农户的参保积极性。对非产粮大县地区，中央、省、市、县财政和农户的保费负担比例仍然为 40%、25%、5%、10% 和 20%［其中，中央、省、省财政直管县（市）和农户的保费负担比例为 40%、30%、10% 和 20%］。

为鼓励各农业保险承办机构通过险种创新支持地方经济发展，《河南省 2016 年农业保险工作方案》的另一较大的变化是制定了具体的对于地方特色保险的奖励政策。自 2016 年起，对各农业保险承办机构开办的中央财政和省财政未提供保费补贴的农业保险品种，经济社会效益显著、市县财政提供保费补贴且落实到位的，省财政根据当年预算安排情况，提供最高不超过县市实际到位负担保费比例50%的奖励，奖励资金继续用于支持农业保险发展。

2017年，为调整农业产业结构，河南省对农业保险保费补贴政策进行了调整，涉及玉米、花生和林业保险等多个险种。根据最新调整的保费补贴政策，为服务种植业结构调整，自2017年起，玉米保险不再纳入中央和省级财政补贴范围，以调减玉米种植面积；同时，为鼓励优质花生种植，2017年，河南省内花生保险保费补贴中，降低县级财政补贴比例5%，由省级财政补贴承担。上述政策调整短期内对河南省农业保险规模有一定影响，长期而言，有助于河南农业转型升级。

（五）初步形成具有河南省特色的政策性农业保险经营机制

通过近几年的实践和探索，河南省已初步形成"政府引导、市场运作、自主自愿、协同推进"的政策性农业保险经营机制。

1. 经营模式

在坚持市场化经营原则下，河南省农业保险承办机构在各级政府的积极引导下，充分发挥自身优势获得农业保险业务，自主经营、自担风险。河南省财政厅、河南省保监局组成考核评价小组，以县（市、区）为单位，对保险机构进行评价。

2. 各部门协同推进

要求多部门配合形成合力，共同推动农业保险的开展。由农业保险工作领导小组积极协调各成员单位，协同推进农业保险各项工作。

财政部门负责农业保险保费补贴资金的筹集、拨付、结算工作，制定相应的农业保险补贴政策，并对农业保险绩效进行评价，同时预警风险。农业、发改部门为行业新险种提供参考费率与保险金额。保险承办机构负责提供保险服务，制定保险合同和赔付工作。

畜牧部门做好牲畜保险承保鉴定、耳标监管、疾病的防治和死亡鉴定，配合做好查勘定损工作等。林业部门主要协助保险公司进行林业保险灾后查勘定损，并利用自身的技术优势为森林保险提供相应的支持。

气象、水利部门负责提供气象预测与分析等气象和水文服务。烟草部门要充分发挥技术优势，加强灾情防控，做好烟草种植有害生物防治等防灾防损工作，协助保险经办机构做好承保前的风险评估和灾后查勘定损工作。

保险监管部门在组织、协调保险承办机构有序开展农业保险业务的同时，需要对农业保险违法违规经营行为进行依法查处，保障农业保险市场的健康有序运营以及投保人的合法权益。

3. 风险控制

目前，河南省对农业巨灾风险的应对，仅采取巨灾风险准备金机制，省财政在各县市种植业保险品种签单完成及保费拨付完成的情形下，将省级承担的保费补贴拨付到省级保险经办机构，积累至年度平均保费收入 100% 左右时为止。每年 5 月底之前，各承办机构要将上年度大灾准备金的计提、使用、管理等情况报告同级财政部门、保险监管部门，一并提出各险种费率调整建议。

4. 规范保险业务

为确保数据真实合规，各县（市、区）保险品种的实际参保数量不得超过当地农业部门、畜牧部门和林业部门提供的当年相关保险品种的播种（饲养、种植）数量。保障农户合法权益。严禁封顶赔付、平均赔付、比例赔付、少赔、拖赔、无理拒赔等损害农户合法权益的行为。强化农险规范经营，保险机构要进一步规范农业保险经营行为，认真落实"五公开、三到户"① 等相关政策要求，确保依法合规经营。同时，河南省保监局联合财政厅等政府部门对河南省农业保险开展农业保险专项整治，对于查实的违法违规行为，加大处罚力度，对于涉及犯罪的，依法移交司法机关。

5. 明确违法退出机制

2016 年，河南省为督促农业保险承办机构依法合规开展业务，《河南省 2016 年农业保险工作方案》，明确了财政补贴的农业保险承办机构的违法退出机制。以县（市、区）为单位，凡因农业保险业务被省级及以上监管部门查处重大违法违规行为的保险承办机构，各级财政三年内不支持其开展农业保险业务，不再负担财政保费补贴资金。一个省辖市内累计两个县（市、区）因农业保险业务被省级及以上监管部门查处重大违法违规行为的保险承办机构，各级财政三年内不支持其在该省辖市内开展农业保险业务，不再负担财政保费补贴资金。

---

① "五公开"具体是指惠农政策公开、承保情况公开、理赔结果公开、服务标准公开和监管要求公开；"三到户"具体是指承保到户、定损到户和理赔到户。

第三节　河南省农业保险发展影响因素分析

尽管河南省农业保险业务规模呈快速增长之势，省政府和有关部门也公布了相关的农业保险工作方案和监管要求以确保农业保险有序健康发展，但是，河南省地域广阔，农户分散，灾情险情较为复杂，在为农业保险的经营带来不便的同时也涌现出一些问题，阻碍了河南省农业保险的健康运营。

为较为深入全面地揭示出影响河南省农业保险发展的主要问题，本节对河南省农业保险发展的影响因素进行了定量分析，从宏观的视角揭示各个因素与农业保险发展之间的关系，结合定性分析，进而有针对性地提出促进河南省农业保险发展的建议，对推动河南省乃至全国农业保险的可持续健康发展都具有重要意义。

本节在借鉴已有研究文献，立足于河南省的农业保险发展过程中的实际情况，选取了如下变量。

一　变量选取说明

（一）农户收入

依据效用理论，当农户购买农业保险之后的效用不低于其购买保险之前的效用时，农户就会选择购买保险。假设农户是风险厌恶者，具有风险规避的特征，依据莫辛（Mossin，1986）模型，农户的收入可以表示为：

$$Y = \begin{cases} A + (1-\theta)B, & \text{概率为}\pi \\ A + B, & \text{概率为}1-\pi \end{cases} \tag{3.4}$$

本书将农户收入分为两部分，不受自然灾害风险因素直接影响的确定性收入为 A，包括工资性收入、财产性收入和转移性收入；受自然灾害风险因素直接影响的不确定性收入为 B，即农业经营收入。

农业生产过程中，各种灾害的发生具有不确定性，设发生自然灾害的概率为 π，不发生自然灾害的概率为 1 - π，自然灾害风险给农户带来的收入损失率为 θ。

假设农户购买保险的保费为 p，损失发生后农户能够获得足额补偿，则农户购买农业保险需要满足的条件是：

$$U(A+B-p) \geqslant \pi U[A+(1-\theta)B] + (1-\pi)U(A+B) \qquad (3.5)$$

从式（3.5）可以看出，农户农业经营收入的比重越大，其面临的自然风险越大，在灾害发生概率和损失率一定的条件下，$U[A+(1-\theta)B]$越小，农户更倾向于购买农业保险，农户家庭经营收入所占比重大小直接影响到农户对农业保险的购买行为。

同时，自然灾害发生的概率及其造成的损失率也会对农户的农业保险需求产生影响。在其他条件不变时，自然灾害造成的损失率越大，农户越倾向于购买农业保险。

（二）城镇化水平

伴随着城镇化进程的快速推进，农村生活和农业生产均发生了翻天覆地的变化。城镇化之所以影响农业保险发展，是因为城镇化带动了农业发展，改变了农业生产方式，对农户行为和风险意识的变化产生了重要影响。

一方面，城镇化发展对农业发展具有后向关联效应，城镇化发展和生活消费方式的变化增加了城镇居民对种植业和养殖业等农产品以及依托农村资源产品的需求，农产品需求的增加则为农业保险提供了增长空间。同时，城镇化发展加快了农业产业化进程，农业经营主体的专业化、农业生产过程的专业化使农业风险多元化和集中化趋势明显。这些影响都将促进农户对农业保险需求的增加。

另一方面，农业部门生产率的提高对农村劳动力产生的"挤出效应"以及城市非农部门生产率提高对农村劳动力的"引力效应"的共同作用，使农村劳动力老龄化趋势明显。城镇化发展的正外部性使农民受教育水平得到提高的同时也会产生"迁出效应"，即教育水平较高的农民很可能为了更好地养活家人或者自身发展空间的改善而转移到城镇工作，而留在农村的受教育水平较低的农民通常收入水平较低，对外界新生事物的接受比较滞后，缺乏对农业保险真正含义的理解，投保意识不强。综上可知，城镇化对农业保险需求的影响具有不确定性。

（三）农业生产总值

农业生产总值可以用来衡量河南省各地市农业生产规模和发展水平，是发展农业保险的基础，理论上说，在其他条件既定的情况下，农业生产总值越大，对农业保险的需求越大。

（四）上一年度农业保险赔付率

上一年度农业保险的赔付率，可以反映农业生产风险大小和农业保险经营风险大小。上一年度农业保险的赔付率大，说明上一年度自然灾害发生的频率或程度较高、造成的农业损失较大，赔付率高会对农民产生一定的"示范效应"，使农户利用农业保险规避自然灾害等风险因素的可能性增大，农户的投保积极性增强。另外，赔付率高会导致农业保险业务的经营风险增大，严重情形下甚至会导致保险公司"无利可图"，直接影响了保险公司开拓农业保险业务的积极性，往往会造成下一年度保险公司采取缩小业务规模、提高保费水平、限制承保条件等措施来规避自身风险。

（五）上一年度农业保险赔付比重

上一年度农业保险赔款占财产保险赔款的比重，反映了农业保险经营风险大小以及上一年度农业保险业务规模大小。上一年度农业保险赔款占财产保险赔款比重越大，表明当地农业生产风险越大，农户对农业保险的需求越大。

（六）政府财政补贴

模型中没有加入政府财政补贴变量，但并不意味着该变量不重要，只是鉴于选取的数据时间跨度短，若将其作为政策性虚拟变量则会影响回归结果的稳健性。本书主要考察除政府财政补贴以外，其他因素对农业保险保费收入的作用方向及程度大小。

二　模型设定与数据来源

（一）模型设定

根据上述指标选取说明，农业保险的影响因素可以表述为：

$$p_{it} = \beta_0 + \beta_1 x_{1it} + \beta_2 dx_{2it} + \beta_3 dx_{3it} + \beta_5 x_{4i,t-1} + \gamma t + \beta_6 x_{5i,t-1} + \varepsilon_{it} \qquad (3.6)$$

被解释变量 p_{it} 为各地市（县市）农业保险保费收入，反映了农业保险需求的大小。

解释变量的设定如下：x_{1it} 为各地市（县市）农业生产总值；dx_{2it} 为各地市（县市）农民人均纯收入的一阶差分，即人均纯收入增加值；dx_{3it} 为各地市（县市）城镇化率的一阶差分量，即城镇化率的变化量；$x_{4i,t-1}$ 为各地市（县市）上一年度农业保业保险的赔付率，$x_{5i,t-1}$ 为各地市（县市）上一年度农险赔款占财产险赔款的比重。时间 t 的系数反映了农业保险发展是否存在时间效应，是否具有增长的内在动力（邢鹏，2004）。β_0

为常数项，不随时间、地区变化。ε_{it}表示未观测到的其他潜在影响因素。下标 i 表示各地市（县市），t 表示年份，t = 2008，…，2013。

（二）数据来源

数据时间跨度为 2008—2013 年。由于济源市保费数据存在缺失现象，将其剔除。样本范围涉及河南省其他 17 个地市。

其中，各地市农业保险保费收入、农业保险赔款、财产保险赔款数据来源于 2008—2014 年度《中国保险统计年鉴》，农民人均纯收入、城镇化率、农业生产总值数据由 2009—2014 年度《河南统计年鉴》汇总得到。

上一年度农业保险的赔付率、上一年度农业保险赔款占财产险赔款比重由农业保险赔款、农业保险保费、财产保险赔款数据计算得到。其中，农业保险保费收入、农民人均纯收入、农业生产总值利用以 2008 年为基期的定基居民消费价格指数，剔除了价格因素的影响。

三 实证结果

（一）面板数据平稳性检验

在面板数据分析之前，需要对各面板序列进行单位根检验，以规避非平稳序列导致的面板伪回归。分别对各面板序列进行 LLC 和 Fisher – ADF 单位根检验，其中，dx_2 和 dx_3 由于时间长度不够，不能进行 LLC 检验，故采用了相同单位根下的 Breintung 单位根检验，结果均为平稳序列。实证结果如表 3 – 7 所示。

表 3 – 7　　　　　　　　　各变量序列平稳性检验

变量名称	LLC	Fisher – ADF	是否平稳	变量名称	LLC	Fisher – ADF	是否平稳
p	– 14. 526 *** (0. 000)	155. 546 *** (0. 000)	是	x_5	– 69. 587 *** (0. 000)	211. 822 *** (0. 000)	是
x_1	– 15. 702 *** (0. 000)	147. 354 *** (0. 000)	是	dx_2	– 4. 106 *** (0. 000)	432. 112 *** (0. 000)	是
x_2	8. 673 (1. 000)	20. 279 (0. 970)	否	dx_3	– 5. 116 *** (0. 000)	112. 810 *** (0. 000)	是
x_3	7. 924 (1. 000)	1. 481 (1. 000)	否				
x_4	– 57. 159 *** (0. 000)	116. 389 *** (0. 000)	是				

注：*、** 和 *** 分别表示在 10%、5% 和 1% 的显著性水平下拒绝存在单位根的原假设；括号内为相应统计量的概率值。

（二）模型选择与结果分析

鉴于面板序列中既有平稳序列，又有一阶单整序列，不能直接进行回归分析。此处采用序列变换方式，将非平稳序列的一阶差分项放入面板模型中进行回归分析。

对变量的多重共线性检验结果显示，书中几个变量的方差膨胀因子均远小于临界值 10，且平均的方差膨胀因子值为 1.77，仍小于临界值 10，依照经验规则可以认为，这些解释变量之间不存在多重共线性。

另外，由于此处考察的是短面板数据，数据时间跨度为 2008—2013 年，共 6 年，故可以不考虑变量的自回归效应。对面板数据的处理遵照以下步骤：

第一，对面板数据进行混合模型、固定效应模型和随机效应模型选择。通过 F 检验，以确定固定效应和混合回归模型，F 检验的 p 值为 0.000，即两者之间应选择固定效应模型。

第二，随机效应与混合回归两者之间，LM 检验的 p 值为 0.3843，即应该选择混合回归。

综上可知，应该选择固定效应模型对面板数据进行回归分析。书中面板数据个体数大于时间长度，是一个短面板数据，可以不考虑面板自相关的问题。固定效应模型的沃尔德检验结果：$\chi^2(17) = 281.71$；$Prob > \chi^2 = 0.0000$，即认为面板数据存在组间异方差。

采用可行性广义最小二乘法（FGLS）对固定效应模型的异方差进行修正，估计结果见表 3-8。

表 3-8　　　　　　　　　河南各市农业保险影响因素估计结果

变量名称	混合回归	固定效应	随机效应	可行性广义最小二乘法（FGLS）
x_1	0.158 *** (5.70)	0.156 (0.75)	0.159 *** (5.17)	0.154 *** (7.13)
dx_2	-0.058 *** (-3.91)	-0.073 *** (-4.20)	-0.060 *** (-4.06)	-0.530 *** (-5.33)
dx_3	6.322 *** (3.22)	4.393 ** (2.01)	5.989 *** (3.08)	4.242 *** (2.84)

变量名称	混合回归	固定效应	随机效应	可行性广义最小二乘法（FGLS）
x_4	-2.924 ** (-2.00)	-1.586 (-0.95)	-2.695 * (-1.84)	-1.809 ** (-2.28)
x_5	137.968 ** (2.14)	55.648 (0.55)	127.752 * (1.87)	21.081 (0.41)
t	18.633 *** (2.708)	20.583 *** (5.45)	19.019 *** (7.01)	16.120 *** (8.49)
常数项	-43.147 *** (-4.67)	-36.603 (-1.22)	-42.452 *** (-4.52)	-30.245 *** (-4.45)

注：*、** 和 *** 分别表示回归系数在10%、5%和1%的显著性水平下显著，括号内为相应的 t 统计量。

从可行性广义最小二乘法（FGLS）的回归结果可知，农业生产总值、城镇化发展水平的提高显著增加了农业保险保费收入，农村居民人均纯收入增长量、上一年度赔付率对农业保险保费收入的回归系数为负，农业保险保费的增长具有内在增长动力。农业保险赔款占财产保险赔款的比重能促进农业保险保费收入的增长，但在统计意义上并不显著。具体分析如下：

农业生产总值（x_{1it}），是农业保险业务开展的基础，实证的结果表明，河南省农业生产总值每提高1个百分点，相应的农业保险保费收入会增加0.154个百分点，河南作为农业生产大省，为农业保险的发展提供了良好的环境。时间 t 对农业保险的影响显著为正（16.120），表示随着时间推移，农业保险自身具有内在增长动力。

农民人均纯收入的增加量（dx_{2it}）对农业保险影响为负（系数为 -0.530）。对河南省2008—2013年农民收入增加量中的各组分收入的比重进行分析，结果发现，家庭经营性收入对河南省农民人均纯收入的贡献度从0.616下降到了0.400。

在河南省农业保险对农户损失提供的保障尚不能补偿其物化成本的现状下，农户家庭经营性收入在收入增加值中的贡献度逐渐下降，农民对家庭经营性收入的依赖程度逐渐降低，会降低农户对农业保险的预期，减少对农业保险的购买。

　　城镇化率（dx_{3it}）的提高对农业保险保费收入的增长影响显著，相关系数为4.242。可见，在河南省农业保险发展进程中，城镇化对农业保险的正向促进作用占据了主导地位。城镇化对农村地区的溢出效应和后向关联效应起了主要作用，有助于农村地区人力资本增加，农民对先进生产技术和知识技能的获取，改变了农民的风险意识。可以预见，以"人"为核心的新型城镇化建设，加快中小城市发展，有重点地发展小城镇的相关政策措施的实施将会继续对河南省农业保险发展产生巨大的促进作用。

　　上一年度农业保险的赔付率（$x_{4i,t-1}$）对农业保险保费收入增长的影响显著，系数为负（−1.809）。农业生产经营风险大，农业保险赔付率高，可以起到一定的示范效应，进而农户利用农业保险规避风险的可能性增大，农户投保积极性会增强。河南省现行的低保障、保成本的农业保险政策并不能完全弥补风险发生后农户的损失，同时政府在大灾发生后提供的灾害救助、政府救济均在一定程度上阻碍了农民对于保险的选择。保险公司则会因农业保险经营风险的增加而缩小业务规模，减少农业保险供给。对河南省而言，上一年度赔付率的增加会减少农业保险保费收入。

　　上一年度农业保险赔付占财险赔付的比重（$x_{5i,t-1}$）与农业保险保费收入的回归系数为正（21.081），与变量选取说明部分的分析相符。不过，在统计意义上并不显著。

　　从河南省各地市农业保险发展影响因素的实证分析结果发现，农业生产总值、城镇化率变量与农业保险保费收入之间显著正相关，随着城镇化进程的进一步推进，农业保险覆盖面积的逐步扩大及险种种类的增加，农业保险保费收入尽管在短期内还存在较大的上升空间，但是，从长远来看，单纯依靠覆盖面的扩大，农业生产总值作为农业保险保费收入的基数，对农业保险保费收入的推动作用会逐渐减弱。如果出现较高的农业保险赔付率，很可能会造成农业保险经营出现亏损，保险公司则会进一步缩减业务量，这一点在20世纪的商业化经营尝试中已得以证实。所以，单纯依靠扩大规模的粗放经营来推动农业保险发展不是最佳路径。从产品创新、风险评估和费率分区等微观经营技术层面进行精细化设计，才是推动河南省农业保险持续健康发展的动力来源。

第四节　河南省农业保险存在的问题

根据本章第二节和第三节对河南省农业保险发展状况的定性描述分析以及影响河南省农业保险发展因素的定量估计结果，可以发现，河南省农业保险存在以下潜在问题。

一　保障水平仍然较低

与其他省份相比，河南省农业保险的保障水平还比较低。如大豆保险每亩保险金额仅 174 元，小麦保险每亩保险金额也只有 447 元，而河南省大豆和小麦的生产成本为 413.17 元和 746.53 元，不足以覆盖农户的生产成本，可见，保障水平较低，特别是在严重自然灾害发生时，农业保险提供的赔偿额度对于补偿农户损失和恢复农户生产的作用有限。农业保险保障水平低是阻碍河南省农业保险快速发展的主要因素之一。

二　农民参保意识不足

根据相关文献中对近几年河南省农户的调查数据，发现超过半数农户对农业保险完全不了解，认为没有必要购买农业保险或者认为农业保险是否购买无所谓的占多数，而已参保农户中有近 50.4% 的农户因为农业保险"赔付标准太低，买保险意义不大"而不愿意继续续保（黄颖，2014；刘宁，2013；孙春甫，2012）。

农民投保农业保险的意愿不强，究其原因，除农业保险宣传不到位、农民风险防范意识薄弱外，还有另外两个方面的现实因素：一是随着农民收入来源的多元化，特别是非农收入的逐渐增加，会降低农业收入在家庭收入中的占比，减弱农业因灾造成的损失对农户家庭的影响，相对而言，农民的投保积极性会减弱；二是农业保险产品的保障水平和产品设计与农民的实际需求偏离较大。

三　保险公司经营不规范

在农业保险实际运营中，各家保险公司均不同程度地存在虚假承保、核保验标不严、查勘定损不到位、平均分配赔款、合谋违法违纪等问题。这些问题的出现，一是保险公司没有对农业保险这项国家的惠农政策进行严格落实，开办农业保险业务存在投机思想，只是将农业保险作为快速扩充业务规模、谋取超额利润的手段。二是保险公司经营、服务能力严重不足，大部分保险公司的技术、人员、设备、机构均不能满足开办农业保险的要求。三是依赖政府的思想严重。宣传发动靠政府、承保收费靠政府、查勘定损靠政府，而在承保理赔时，保险公司与农民之间没有建立有效的沟通途径。

四　保险费率不合理，未进行风险区划和费率分区

目前，河南省各农业保险险种实行统一的保险金额、统一的保险责任和统一的保险费率，而不区分不同县市实际单产水平和灾害发生频率的差异性。在业务经营中，农业保险领域存在的逆向选择难以消除，自然灾害发生频繁的地区和风险高的农户相对而言更愿意投保。同时，农户在投保后往往会放松对保险标的的管理，甚至出现了欺骗保险公司的情形，给农业保险经营带来了道德风险。

五　农业保险巨灾风险分散机制亟待建立

河南省仅仅将省级承担的25%的保费补贴作为巨灾风险准备金积累的资金来源。河南省农业保险经营缺少再保险的支持，缺乏广泛有效的风险转移和分散机制，保险公司的持续经营能力和承担农业保险的积极性在发生巨额赔偿甚至亏损时会遭受严重的负面影响。

六　县市政府保费补贴财政压力较大

中央财政保费补贴险种由全国统一确定，而地方农业特色险种缺乏政策支持。鉴于一些地区财力状况等原因，地方特色险种和涉农保险开展状况不理想，惠农政策的效果未能充分显现。

作为全国贫困县的主要集中省份之一，河南省的贫困县往往也是产粮大县，2016年之前，河南省农业保险保费补贴方案使保费补贴成为河南省贫困县政府财政的一项重要负担，这显然不利于对农业保险及地方特色险种的扶持。

《河南省2016年农业保险工作方案》调减了河南省玉米、小麦和水稻三大粮食作物的各级政府保费补贴，主要是对济源市和22个省财政直管县产粮大县，调整其保费补贴财政负担比例，取消市级、县级财政负担比例，增加中央和省级财政负担比例。对于81个非财政直管县产粮大县，取消其县级财政负担比例，市级财政负担比例不变，增加中央和省级财政负担比例。尽管2016年的调整仅仅是针对三种主要粮食作物，但是，在一定程度上减轻了县市级政府保费补贴的财政压力。

2017年，河南省再次对农业保险保费补贴政策进行了调整，涉及玉

米、花生、林业保险等多个险种，这次调整主要是为了调整农业产业结构。根据 2017 年的保费补贴政策，为服务种植业结构调整，自 2017 年起，玉米保险不再纳入中央和省级财政补贴范围，以调减玉米种植面积；同时，为鼓励优质花生种植，2017 年河南省内花生保险保费补贴中，降低县级财政补贴比例 5 个百分点，由省级财政补贴承担。上述政策调整短期内对河南省农业保险规模有一定影响，但长期而言，有助于河南农业转型升级，在一定程度上能够减轻县市级财政的保费负担比例，同时，可以看到这些政策的微调不能完全削减县市级政府的财政压力。

本章小结及建议

本章节对河南省农业生产的状况、农业产业化的成效、对国家粮食安全的贡献以及农业生产过程中存在的潜在问题等进行了细致的分析。在此基础上，对河南省农业保险发展的历史和现状、影响因素、阻碍农业保险发展的问题进行了定性与定量分析，结合上述分析，为促进河南省粮食持续增产和农业保险健康发展，提出以下政策建议：

第一，在"以人为本"的新型城镇化进程中，有必要加快改革农村土地流转制度，降低土地承包经营权流转费用和信息成本，有序推进农村土地流转，逐渐形成以种粮大户、农民专业合作社和家庭农场等新型农业经营主体为主、传统农户为辅的农业经营主体结构，促进农业适度规模经营和产业化发展。在宏观经济处于下滑周期、通货膨胀压力依然较大，农业生产成本继续增加、农业生产比较收益持续下降的大环境下，要努力转变农业生产方式，加强科技兴农，推动粮食生产走内涵式发展之路，确保粮食持续增产的顺利实现。

第二，进一步加强政府对农业保险的宣传力度，使农户对农业保险的功能和作用具有科学的认识，并意识到自身面临的风险，减少农户对农业保险的感知失灵，唤醒农户的风险保障意识，从"依赖政府"向"自我保障"过渡，逐渐转变广大农户的风险保障意识，从而提高农户参加农业保险的主动性和积极性。

第三，广泛开展农作物保险的风险区划与费率分区，为农业保险的精细化经营与管理提供技术支持。增加地方特色农业保险和涉农保险品种。河南省特色农业非常丰富，从中原的城市群观光农业区，到黄淮海平原的产粮带，再到豫南豫西豫北山丘区域，都有众多的特色农业，如粮油作物、大枣、苹果、食用菌、花卉、中草药、茶叶、烟叶等。这些特色农业对当地的农户和农村经济具有重要意义。

根据河南省的省情，拓展农业保险经营范围，增加地方特色农业险种，研究区域特色农产品保险的设计与定价，推动特色农业的全面保险，使特色农业保险成为河南农业保险新的增长点，不仅可以扩大农业保险的覆盖面，使农业风险在较大范围内进行分散，而且农业风险在更多的农作物种类之间的风险分散也将成为可能。

第四，逐渐提高农业保险的保障水平。如果农业保险保障水平过低，不足以补偿灾害发生时农户的经济损失甚至是物化成本，那么即便是以依靠农业收入为主要来源的农户也不会优先选择保险保障。提高农业保险保障水平，吸引更广泛区域的农户参保，才能够切实提高政府财政补贴效率，促进农业保险的持续健康发展。

第四章　河南省自然灾害的时空分布特征分析

从第三章的分析中可知，河南省农业生产及农业保险发展对全国的农业稳定发展及农业保险的发展具有重要作用，而农业保险取得长足发展必须以精细化的经营管理及服务作为支撑点，因此，以河南省为例对农作物保险开展风险区划和费率分区具有一定的代表性意义。为了准确构建农作物保险风险区划的指标体系，有必要对河南省农业生产面临的自然灾害的时空分布特征进行分析。

农业生产是在一定的自然条件下进行的，而气象条件作为自然条件的重要因素之一，对农业生产特别是农作物生产具有重要的影响，光、热、水、气等气象要素是否适宜，会直接影响到各种农作物的生长发育，从而影响到农业的产量、质量及成本的高低。本书说的自然灾害主要是指由气象因素所引起的自然灾害情形。

河南省所处的地理位置、地形特点、气候特征与其自然灾害紧密相关，气候的水平地带性[①]与垂直地带性[②]的共同作用使多种气候特征并存，各种自然灾害屡见不鲜。河南省主要的自然灾害有干旱、雨涝、冰雹、大风、霜冻、病虫害等。河南省自然灾害表现出一定的规律性，具有以下几个特征：

第一，突发性。各种自然灾害来得突然，令人防不胜防，难以采取及时有效的防灾措施，往往使农业生产及人民的经济活动和生命蒙受巨大的损失。

第二，频繁性。各种自然灾害频繁发生，公元前 206 年至 1949 年，仅查到有文字记载的气象灾害，目前的河南省辖区内就发生过雨涝 1038

[①] 由北亚热带向暖温带过渡的地带，其气候分界东起淮河干流向西沿伏牛山南坡 500 米等高线至省界。

[②] 河南京广线以东地区为平原，海拔 200 米以下，其西为丘陵、山地，海拔 200 米以上，分别占总面积的 55.69% 和 44.31%。

次、干旱 949 次、冰雹 277 次、风灾 144 次、霜灾 59 次、雪灾 63 次，尚不计一些较轻的及因之发生的次生灾害，可见，河南自然灾害发生频繁。[①]

第三，危害性。河南省自然灾害危害大并日趋严重，2006—2013 年，自然灾害造成受灾人数累计达 108030.2 万人次，直接经济损失 748.8 亿元，平均每年因自然灾害造成的经济损失近百亿元。[②]

第四，准周期性。自然灾害是自然力的积聚、释放过程的表现，具有一定的准周期性。如干旱、洪涝具有不十分严格的 11 年周期。

第一节　干旱灾害时空分布

干旱是河南省有史以来危害最大、最主要的自然灾害，对农业生产和人民的生活造成了严重影响。据史书记载，河南大旱年份诸如"赤地千里，川竭井枯，百谷无成，野无寸草"，"大饥，饥民食雁粪"，"人相食"相关惨景的记载屡见不鲜。公元前 206 至公元 1949 年，河南省黄河流域有 949 年出现了不同程度的旱灾，大约两年一遇。1949—2000 年，河南省大旱年六至八年一遇，中小旱四年左右一遇，每年干旱成灾面积最少为 4 万多公顷，最严重年份达 461.98 万公顷，平均每年达 80 万公顷左右。[③]

一　干旱的统计标准

干旱是指农作物体内水分供需不平衡而形成的水分缺失现象。干旱灾害形成的原因非常复杂，来自自然、社会诸多方面的因素中降雨量少是形成干旱的直接因素，因此，以降雨量的时段、多少、雨量距平百分率作为划分干旱类型的标准，具体见表 4-1。

由表 4-1 可知，按干旱发生的季节划分，河南省干旱类型可以分为春旱、初夏旱、伏旱和秋旱四种，以不同季节、不同时段的降雨量为依据，又可以将各个季节的干旱划分为旱、重旱等不同的干旱级别。干旱

---

① 《中国气象灾害大典》（河南卷）。
② 历年《河南统计年鉴》汇总得到。
③ 《中国气象灾害大典》（河南卷）。

发生在春节会影响小麦等农作物的生长发育，干旱严重的情形下会造成小麦产量减少甚至部分地区小麦绝收；干旱发生在夏季会影响玉米、棉花、花生等农作物的长势，这些夏季农作物在生长过程中对充足水分的要求较大，如遇较轻的干旱，尚且能够通过人工灌溉等补救措施挽回损失，如遇严重的干旱情况发生，会严重影响秋粮的收成，甚至会造成人畜吃水都很困难；干旱发生在秋季则会影响小麦等农作物的播种，墒情不足会导致农作物缺苗严重。干旱严重时会造成农作物减产乃至绝收，干旱持续时间越长，对农作物的影响越大。本章通过对历史资料和数据的梳理，发现河南省干旱呈现区域性分布差异和较大的年际变化特征。

表 4－1   河南省干旱标准

季节分布	时段	时段雨量（毫米）	干旱级别	雨量距平百分率（%）	前期雨量距平百分率
春旱	3—5 月	各旬雨量 <30	旱	－50	冬雪雨量少 20% 以上
		日最大雨量 <20	重旱	－70	
初夏旱	6 月	各旬雨量 <30	旱	－50	5 月中、下旬少 20% 以上
		日最大雨量 <20	重旱	－70	
伏旱	7—8 月	任意连续 3 旬	旱	－50	前旬雨量偏少 20% 以上
		各旬雨量都 <30	重旱	－70	
秋旱	9—10 月	各旬雨量 <30	旱	－50	8 月雨量少 20% 以上
		日最大雨量 <20	重旱	－70	

资料来源:《中国气象灾害大典》（河南卷），气象出版社 2005 年版，第 7 页。

二 河南省干旱的区域类型划分

河南省降水量的季节分配不均，以发生在不同季节的干旱频率划分可以得出，河南省以初夏旱频率最高，达 30%—50%，春旱频率从北部向南部逐渐降低（黄河以北地区达 30% 以上），伏旱频率为 25%，集中分布在豫西丘陵地区和南阳盆地，秋旱频率为 20%—35%。不同季节干旱的发生存在明显的区域差异，会影响到不同类型农作物的生长及收获，干旱发生的年际变化存在明显的阶段性特征。

根据河南省干旱统计标准及农业生产受干旱影响的程度，河南省大致可以区划为五个干旱类型区：①以春旱为主的豫北干旱区，即黄河以北地区，发生频率在30%以上。②以夏旱为主的干旱区，大致分布于豫西的浅山丘陵—南阳盆地—淮河以北，即淮河以北、京广线以西、沙河以南、卢氏—宝丰—内乡以东地区，干旱灾害发生频率在50%—60%。③以春、夏旱为主的豫东平原干旱区，即沙河以北、京广线以东、黄河以南地区，干旱灾害频率在60%—65%。④以夏、秋旱为主的淮河干旱区，即淮河干流以南地区，频率在25%以上。⑤干旱灾害较轻的豫西山地干旱区，即伏牛山腹地，该地区降水量变化较小，气温较低，蒸发量小，干旱灾害发生较少，程度明显轻于其他地区。

三　1841—1949年的干旱灾害分布

本书仔细梳理了《中国气象灾害大典》（河南卷）中关于河南省各个县市干旱发生的文字记载情况，汇总后计算出各地区受干旱灾害影响的频次，并将河南省各区域受干旱灾害严重影响频次进行比较分析，详见表4-2。

表4-2　　　1841—1948年干旱对河南省各区域的严重影响频次

地区名称	受影响频次	地区名称	受影响频次	地区名称	受影响频次	地区名称	受影响频次
安阳县	7	封丘	5	淮阳	4	舞阳	3
宝丰	4	扶沟	4	潢川	3	西平	4
博爱	2	巩县	18	辉县	3	祥符	1
陈留	3	光山	2	获嘉	4	项城	1
登封	9	河内	2	济源	9	新乡县	5
方城	5	滑县	5	郏县	7	修武	5
浚县	2	开封县	5	兰考	3	延津	1
林县	5	临汝	9	临颍	3	叶县	8
临漳	3	灵宝	19	卢氏	8	荥阳	15
鲁山	6	鹿邑	3	洛宁	13	武安	3
洛阳	13	孟津	3	孟县	15	西峡	1
泌阳	6	密县	14	渑池	21	襄城	5
南乐	3	南阳	5	南召	1	淅川	4
内黄	7	内乡	6	濮阳	3	新蔡	2
淇县	1	杞县	1	清丰	6	信阳	3
汝南	2	汝阳	6	陕县	17	鄢陵	3

续表

地区名称	受影响频次	地区名称	受影响频次	地区名称	受影响频次	地区名称	受影响频次
商城	2	商水	3	上蔡	2	偃师	8
涉县	3	沈丘	3	氾水	5	宜阳	19
嵩县	5	睢县	2	睢州	1	武陟	15
遂平	2	太康	2	汤阴	5	西华	4
唐河	3	通许	2	桐柏	3	息县	1
尉氏	3	温县	7	阌乡	9	夏邑	1
新安	15	荥泽	2	永城	2	永宁	2
新野	4	禹县	17	原阳	4	长葛	4
许昌县	3	长垣	3	柘城	2	镇平	1
郾城	10	正阳	3	郑州	4	中牟	3
伊川	9	驻马店	1				

资料来源:《中国气象灾害大典》(河南卷),气象出版社 2005 年版。

从 1841—1949 年的旱灾对河南省各县区的影响频次上看,次数最多的地区为渑池县,次数在 15 次及以上的地区有渑池、新安、禹县、灵宝、巩县、孟县、陕县、武陟、宜阳、荥阳;次数在 10—15 次的地区有洛宁、洛阳、郾城、密县;干旱灾害发生频率较低的地区主要有镇平、夏邑、息县、睢州等地。

河南省不同区域之间干旱灾害发生的频率相差较大,且从《中国气象灾害大典》(河南卷)中记录的相关资料来看,干旱灾害损失程度差异也非常大,如公元 1930 年的干旱灾害记载如下:"洛宁夏麦歉收、渑池收成不及五分、登封旱蝗,麦秋两季平均收成仅是两分,鲁山旱荒相并而至,兰考旱灾,平均收成不及三成。"可见,同一年份,不同地区的农作物受灾情况也不必然相同,干旱发生频率及对农作物生产影响的区域差异明显。

四 1949—2000 年的干旱灾害

对河南省 1949—2000 年发生的干旱灾害进行了年代的划分,从划分结果中可以看出,河南省干旱灾害的产生具有较为明显的阶段性变化及年际变化特征。

表4-3　　　　　　　　　1949—2000 年河南省干旱年际变化

干旱阶段	1959—1962 年、1965—1966 年、1978—1982 年、1986—1994 年
以年代划分	20 世纪 90 年代最重，80 年代和 60 年代次之，70 年代和 50 年代最轻
出现重旱的年份	1953、1955、1959、1961、1962、1965、1966、1972、1978、1982、1986、1988、1989、1990、1991、1992、1993、1994、1995、1997、1998、1999

资料来源：根据《中国气象灾害大典》（河南卷）中河南省历年干旱资料归纳统计得到。

从表 4-2 可以得出，河南省受重旱影响频繁，仅 1949—2000 年 52 年时间，发生重旱的年份就达 22 次，且连续几年间重旱的情形较为常见，干旱阶段可以划分为 4 个。从年代的变化来看，干旱灾害呈逐渐加剧之势。河南省 1949—2000 年干旱对各区域的严重影响频次依然是根据《中国气象灾害大典》（河南卷）中的文字记载整理计算得到（见表 4-4）。

表4-4　　　　　　　　1949—2000 年干旱对各区域的严重影响频次

地区名称	受影响频次	频率（%）	地区名称	受影响频次	频率（%）	地区名称	受影响频次	频率（%）
夏邑	20	6.69	郏县	7	2.34	潢川	3	1.00
虞城	18	6.02	舞阳	7	2.34	上蔡	3	1.00
民权	17	5.69	鄢陵	7	2.34	桐柏	3	1.00
宁陵	17	5.69	临颍	6	2.01	新安	3	1.00
柘城	16	5.35	内乡	6	2.01	新蔡	3	1.00
睢县	15	5.02	固始	5	1.67	原阳	3	1.00
永城	11	3.68	林县	5	1.67	开封县	2	0.67
禹县	9	3.01	鲁山	5	1.67	博爱	2	0.67
宝丰	8	2.68	许昌县	5	1.67	郸城	2	0.67
襄县	8	2.68	汝州	4	1.34	方城	2	0.67
叶县	8	2.68	辉县	4	1.34	鹿邑	2	0.67
长葛	8	2.68	淅川	4	1.34	洛宁	2	0.67
唐河	2	0.67	淮滨	1	0.33	孟津	2	0.67
西平	2	0.67	兰考	1	0.33	孟县	2	0.67

地区名称	受影响频次	频率（%）	地区名称	受影响频次	频率（%）	地区名称	受影响频次	频率（%）
新县	2	0.67	卢氏	1	0.33	渑池	2	0.67
新野	2	0.67	泌阳	1	0.33	沈丘	2	0.67
新郑	2	0.67	密县	1	0.33	太康	1	0.33
郾城	2	0.67	南召	1	0.33	温县	1	0.33
伊川	2	0.67	内黄	1	0.33	西峡	1	0.33
镇平	2	0.67	平舆	1	0.33	偃师	1	0.33
封丘	1	0.33	淇县	1	0.33	宜阳	1	0.33
巩义	1	0.33	杞县	1	0.33	荥阳	1	0.33
光山	1	0.33	确山	1	0.33	陕县	1	0.33
汝南	1	0.33	汝阳	1	0.33	嵩县	1	0.33
遂平	1	0.33						

资料来源：根据《中国气象灾害大典》（河南卷）中相关资料记载统计计算得到。

由于相关资料中没有具体量度河南省干旱灾害给农作物造成的面积损失或产量损失的相对较为连续的统计，只有零散的描述性记载，因此，本书在对干旱灾害进行风险等级划分时主要依据其发生的频率，对于其他灾害与此类似。

以河南省1949—2000年受干旱灾害严重影响频数表，将河南省受干旱灾害的影响区域划分为五个等级，组距的确定方法为：组距＝（受影响频次的最大值－受影响频次的最小值）/分组数＝（20－1）/5＝3.8），分别将这五个风险等级区域定义为高风险区、较高风险区、中等风险区、较低风险区和低风险区，具体县市分布如下：[1]

高风险区：夏邑县、虞城县、民权县、宁陵县；

较高风险区：柘城县、睢县；

中等风险区：永城市、禹县（今许昌禹州市）、宝丰县、襄县（今许昌襄城县）、叶县、长葛市；

较低风险区：郏县、舞阳县、鄢陵县、临颍县、内乡县、固始县、

---

[1] 本章其他自然灾害的等级处理与此处类似。

林县（今安阳林州市）、鲁山县、许昌县、汝州市、辉县、淅川县；

　　低风险区：潢川县、上蔡县、桐柏县、新安县、新蔡县、原阳县、开封县、博爱县、郸城县、方城县、鹿邑县、洛宁县、孟津县、孟县（今焦作孟州市）、渑池县、沈丘县、唐河县、西平县、新县、新野县、新郑市、鄢城（今漯河市鄢城区）、伊川县、镇平县、封丘县、巩义市、光山县、淮滨县、兰考县、卢氏县、泌阳县、密县（今郑州新密市）、南召县、内黄县、平舆县、淇县、杞县、确山县、汝南县、汝阳县、陕县、嵩县、遂平县、太康县、温县、西峡县、偃师、宜阳县、荥阳市。

　　根据上述等级划分结果可知，干旱灾害对河南省的影响范围较广，但是，大多数县市处于低与较低风险级别，受干旱灾害影响较为严重的为商丘市，高风险及较高风险区内的县市为商丘市所辖，这与前文关于河南省干旱类型的五个分区的结果相一致，商丘市属豫东平原干旱区，干旱灾害的频率在五种干旱类型中最高。而处于中等风险区域内的县市主要归属许昌和平顶山市，其他县市的干旱灾害风险相对较低。

第二节　雨涝灾害时空分布

一　河南省雨涝灾害年际季节及区域分布

　　适当充足的雨水为农作物生长发育过程中提供了必需的水分条件，有益于农作物的生长发育，使农作物增产增质。但是，暴雨、长时间的大雨、连阴雨等自然灾害，轻者会影响农作物的光合作用或延误农时，重者会形成雨涝灾害，甚至常常会造成平地积水、淹没农田、毁坏农作物，使房屋倒塌、雷击建筑等，造成农作物减产甚至绝收，给社会经济和人民生活带来了重大损失。

　　历史上，雨涝灾害不断，肆虐河南境内。公元前206至公元1949年，河南省发生雨涝灾害1038次，平均为两年一遇，可见，河南省雨涝灾害发生比较频繁。1949年以来的气象观测资料显示，河南省重雨涝五至十年一遇，轻雨涝两至四年一遇，出现重雨涝的年份为1952年、1954年、1956年、1957年、1963年、1964年、1971年、1975年、1982年、1983年、1984年、1985年、1996年、1998年、2000年。1949—2000年，平均每年涝灾面积 78.3 万公顷，平均每年粮食减产 10 亿千克左右①，雨涝灾害是河南省境内影响农作物生产的重要自然灾害之一。

从河南省各地区多年份降雨量的分布来看，河南省降雨量具有明显的年际差异与季节性特征，发生的频率与严重程度也具有明显的阶段性特征。河南省各季节的降水量占年降水量的百分比分别为：春季 13%—27%，夏季 45%—67%，秋季 17%—28%，冬季 3%—9%。雨涝灾害主要发生在夏季，其次为春、秋季节，雨涝灾害发生的季节多为河南省主要农作物生长发育和收获的季节，对农作物生产的影响较大。雨涝灾害一年内各月的分布也呈现出不平衡的特征，以 8 月最为严重，其次是 7 月、9—10 月、3—4 月，而 5—6 月受雨涝灾害的影响较少。除明显的季节性之外，河南省雨涝灾害按照发生的季节与地区的差异可以分为 4 个区域，具体如表 4-5 所示。

表 4-5　　　　　　　　　河南省雨涝分布区域

地区	类型与发生频率	区域分界线
南阳盆地—豫西北黄土丘陵雨涝区	夏季雨涝为主，50%—60%	京广线以西、卢氏—南召—内乡一线以东
豫东平原涝区	夏季雨涝为主，60%—80%	京广线以东、淮河干流以北广大平原地区
淮南涝区	春涝为主，>25%	淮河干流以南地区
豫西山地雨涝区	春秋季连阴雨较多	以高、中山地，河谷起伏交错的伏牛山区

从表 4-5 可以看出，河南省雨涝灾害主要分为南阳盆地—豫西北黄土丘陵雨涝区、豫东平原涝区、淮南涝区和豫西山地雨涝区 4 个区域，各区域雨涝季节分布也呈现出明显的差异性。前两个雨涝区域以夏季雨涝为主，发生频率较高，在 50% 以上，频率最高的区域甚至能达到 80%；淮南涝区以春涝为主，发生频率在 25% 以上；豫西山地雨涝区多以春秋季连阴雨为主。

---

① 《中国气象灾害大典》（河南卷），气象出版社 2005 年版。

二 1841—1948 年雨涝灾害

从 1841—1948 年雨涝灾害对河南省各县区的严重影响频次（见表 4-6）来看，受雨涝灾害次数最多的地区是武陟，为 38 次；频次数在 10 次以上的地区有武陟、荥阳、孟县、洛阳、郾城、温县、济源、陕县、巩县、嵩县、灵宝、偃师、叶县、新安、禹县、渑池、卢氏、泌阳、宜阳、孟津、河内、滑县等地区；而发生雨涝灾害较少的地区主要有社旗县、商城县、长葛等地区。

表 4-6　　　　1841—1948 年雨涝灾害对各区域的严重影响频次

地区名称	受影响频次	地区名称	受影响频次	地区名称	受影响频次	地区名称	受影响频次
安阳县	7	宝丰	7	陈留	2	登封	7
邓县	2	东明	3	方城	7	封丘	4
扶沟	4	巩县	16	固始	2	光山	3
河内	10	滑县	10	淮阳	5	潢川	5
辉县	4	获嘉	6	汲县	6	济源	18
郏县	4	浚县	6	开封县	8	考城	4
兰考	4	林县	2	临汝	8	临颍	7
临漳	4	灵宝	15	卢氏	13	鲁山	8
鹿邑	6	罗山	2	洛宁	7	洛阳	21
孟津	11	孟县	23	泌阳	13	密县	9
渑池	13	南乐	2	南阳	6	南召	3
内黄	6	内乡	4	宁陵	6	濮阳	6
淇县	4	杞县	3	沁阳	6	清丰	1
确山	2	汝南	5	汝阳	7	三门峡	1
陕县	16	商丘	3	商城	1	商水	4
上蔡	3	社旗	1	涉县	2	沈丘	3
泌水	4	嵩县	16	睢县	2	遂平	1
太康	3	汤阴	5	唐河	3	通许	2
桐柏	3	淅川	2	卫辉	2	尉氏	4
温县	18	阌乡	4	武安	3	武陟	38
舞阳	7	西华	3	西平	5	西峡	2
息县	4	浙川	3	夏邑	5	襄城	8
祥符	6	项城	5	新安	14	新蔡	6

地区名称	受影响频次	地区名称	受影响频次	地区名称	受影响频次	地区名称	受影响频次
新乡县	6	新野	3	新郑	1	信阳	5
修武	9	许昌	2	许州	2	鄢陵	3
延津	3	郾城	19	偃师	15	叶县	15
伊川	7	宜阳	12	荥阳	24	荥泽	5
永城	6	虞城	2	禹县	14	原阳	2
原武	2	长葛	1	长垣	7	柘城	2
镇平	2	正阳	7	郑州	4	中牟	2

资料来源：根据《中国气象灾害大典》（河南卷）中的历史资料统计计算得到。

三 1949—2000 年雨涝灾害

依据河南省 1949—2000 年受雨涝灾害严重影响频次（见表 4 - 7）（组距 = 14/5 = 2.8），可以将河南省受雨涝灾害影响区域划分为五等级：

表 4 - 7　　　　　1949—2000 年雨涝灾害对各区域的严重影响频次

地区名称	受影响频次	频率（%）	地区名称	受影响频次	频率（%）	地区名称	受影响频次	频率（%）
永城	15	3.19	商水	6	1.28	汤阴	3	0.64
民权	15	3.19	新蔡	6	1.28	偃师	3	0.64
虞城	11	2.34	郸城	6	1.28	光山	3	0.64
汝南	11	2.34	方城	6	1.28	上蔡	3	0.64
鲁山	11	2.34	郏县	6	1.28	西平	3	0.64
临颍	10	2.13	罗山	6	1.28	汝阳	3	0.64
舞阳	10	2.13	新县	6	1.28	台前	3	0.64
夏邑	10	2.13	原阳	6	1.28	镇平	3	0.64
襄县	10	2.13	辉县	5	1.06	滑县	2	0.43
项城	9	1.91	南召	5	1.06	清丰	2	0.43
宝丰	9	1.91	桐柏	5	1.06	范县	2	0.43
唐河	9	1.91	新野	5	1.06	获嘉	2	0.43
鄢陵	9	1.91	兰考	5	1.06	陕县	2	0.43
郾城	8	1.70	长垣	5	1.06	辉县	2	0.43

地区名称	受影响频次	频率（%）	地区名称	受影响频次	频率（%）	地区名称	受影响频次	频率（%）
内乡	8	1.70	商城	5	1.06	杞县	2	0.43
西华	8	1.70	禹州	5	1.06	遂平	2	0.43
许昌县	8	1.70	扶沟	4	0.85	临汝	2	0.43
宁陵	8	1.70	鹿邑	4	0.85	修武	2	0.43
柘城	8	1.70	泌阳	4	0.85	伊川	2	0.43
太康	7	1.49	息县	4	0.85	灵宝	1	0.21
固始	7	1.49	淮滨	4	0.85	渑池	1	0.21
睢县	7	1.49	栾川	4	0.85	新郑	1	0.21
淅川	7	1.49	确山	4	0.85	尉氏	1	0.21
淮阳	7	1.49	林县	4	0.85	中牟	1	0.21
叶县	7	1.49	卢氏	4	0.85	登封	1	0.21
潢川	7	1.49	孟津	4	0.85	孟县	1	0.21
沈丘	7	1.49	封丘	4	0.85	沁阳	1	0.21
西峡	7	1.49	洛宁	4	0.85	通许	1	0.21
延津	7	1.49	邓州	3	0.64	温县	1	0.21
嵩县	6	1.28	平舆	3	0.64			
长葛	6	1.28	正阳	3	0.64			

资料来源：根据《中国气象灾害大典》（河南卷）中的历史资料统计计算得到。

高风险区：永城市、民权县；

较高风险区：虞城县、汝南县、鲁山县、临颍县、舞阳县、夏邑县、襄县（今许昌襄城县）、项城市、宝丰县、唐河县、鄢陵县；

中等风险区：郾城（今漯河市郾城区）、内乡县、西华县、许昌县、宁陵县、柘城县、太康县、固始县、睢县、淅川县、淮阳县、叶县、潢川县、沈丘县、西峡县、延津县、嵩县、长葛市、商水县、新蔡县、郸城县、方城县、郏县、罗山县、新县、原阳县；

较低风险区：辉县（今新乡卫辉市）、南召县、桐柏县、新野县、兰考县、长垣县、商城县、禹州市、扶沟县、鹿邑县、泌阳县、息县、淮滨县、栾川县、确山县、林县（今安阳林州市）、卢氏县、孟津县、封丘县、洛宁县、邓州市、平舆县、正阳县、汤阴县、偃师县、光山县、上蔡县、西平县、汝阳县、台前县、镇平县；

低风险区：滑县、清丰县、范县、获嘉县、陕县、辉县、杞县、遂平县、临汝（今平顶山汝州市）、修武县、伊川县、灵宝市、渑池县、新郑市、尉氏县、中牟县、登封市、孟县（今焦作孟州市）、沁阳市、通许县、温县。

从划分结果看，河南省遭受雨涝灾害影响较为严重，处于中等风险等级及以上的县市较多，商丘市受雨涝灾害影响最为严重，其次为平顶山、漯河及许昌市，这些地区均处于豫东平原涝区。

第三节　冰雹灾害时空分布

大气低层具有充足的水气，加之大气层结的不稳定性，在一定的触发条件下，不稳定的能量间的强对流移动是造成冰雹天气的三个基本条件。一方面，河南省在"华北冷涡"天气系统的作用下易出现冰雹天气；另一方面，河南省境内西北部位于太行山东南侧，豫西是秦岭余脉，内有崤山、熊耳山、外方山、伏牛山等山脉，海拔多在 1000 米以上，又多呈东北—西南、西北—东南走向，有利于冰雹天气的形成和加强。因此，河南省多雹地区集中在丘陵、山区地带，以安阳—焦作—渑池—嵩县—西峡一线以西最多，约每两年一次。

公元前 206 年至公元 1949 年的 2155 年间，河南省发生冰雹 277 次，七至八年一次。一日之内，冰雹天气多集中在 13—18 时，持续时间一般在 5—15 分钟，半小时之内的降雹次数占 93%。

河南省冰雹灾害主要集中发生在 4—9 月，冰雹出现时，多值农作物生长期或收获期，易使农作物发生大面积倒伏，农作物的茎、叶、果实易受到击落或打烂，往往会影响农作物的收成。如 1985 年，河南省冰雹灾害造成农作物受灾面积达 66.9 万公顷，波及 80 个县，雹灾最严重的西华县农作物受灾面积 18.44 万公顷，其中，绝收或基本绝收 5.22 万公顷，损坏房屋 31133 间，死伤家禽 56.64 万只，毁坏树木 1345.86 万棵。[①]

依据冰雹日数的多寡、过程的先后、强度的大小、危害的轻重，可

① 《中国气象灾害大典》（河南卷），气象出版社 2005 年版。

以得到豫西山地和太行山为河南省的两个冰雹发源地，并得到了冰雹的移动路径：

（1）豫西山地为河南省冰雹灾害主要的发源地，冰雹的移动路径大致分为三个方向：从西南方向看，由西峡向南阳地区移动；由西向东方向看，从南召、鲁山、汝阳一带向驻马店、信阳和周口方向延伸；由西向北方向看，经洛宁向洛阳和新乡方向挺进。

（2）太行山地冰雹源地的移动路径也可以分为三条：济源—洛阳—平顶山—驻马店一线；焦作—新郑方向；辉县—杞县一带、开封—周口方向以及辉县—淇县—内黄方向。

一　1841—1948 年冰雹灾害

表 4 - 8　　　　1841—1948 年冰雹灾害对各区域的严重影响频次

地区名称	受影响频次	地区名称	受影响频次	地区名称	受影响频次	地区名称	受影响频次
安阳县	1	宝丰	1	登封	2	方城	2
封丘	1	巩县	2	光山	1	滑县	1
淮阳	1	潢川	1	辉县	1	济源	3
郏县	1	开封县	2	兰考	1	临汝	2
灵宝	11	卢氏	6	鲁山	2	鹿邑	1
洛宁	5	洛阳	2	孟津	1	孟县	12
密县	7	渑池	8	南乐	2	南阳	1
南召	2	内黄	1	内乡	3	宁陵	1
杞县	2	沁阳	3	陕县	7	商水	1
嵩县	4	太康	1	唐河	1	温县	1
阌乡	1	武陟	4	舞阳	1	西华	1
息县	1	淅川	1	襄城	1	祥符	2
新安	4	信阳	2	许昌县	1	鄢陵	2
郾城	1	叶县	2	宜阳	2	荥阳	1
荥泽	1	永城	1	禹县	4	镇平	1
郑州	2						

资料来源：根据《中国气象灾害大典》（河南卷）中的历史资料统计计算得到。

从 1841—1948 年冰雹灾害对河南省各区域的严重影响频次可知，孟县（今焦作孟州市）受冰雹灾害影响频次数最多，有12次；其他频次数在5次及以上的地区有孟县、灵宝市、渑池、密县（今郑州新密市）、陕县、卢氏县和洛宁县，这些地区均为豫西山地冰雹发源地，因此，受冰雹灾害的影响也最为严重，而距离冰雹发源地越远的地区，受其影响则越小，冰雹灾害对河南省的影响规律性较为明显。相对于干旱与雨涝，冰雹灾害对河南省的影响范围和严重程度明显降低，但冰雹仍然会造成局部地区农作物严重受损。

二 1949—2000年冰雹灾害

依据河南省1949—2000年受冰雹灾害严重影响频次（见表4-9）（组距=12/5=2.4），将河南省受冰雹灾害影响区域划分为以下五个等级：

表4-9　　　　　　1949—2000年冰雹灾害对各区域的严重影响频次

地区名称	受影响频次	频率（%）	地区名称	受影响频次	频率（%）	地区名称	受影响频次	频率（%）
滑县	13	2.80	唐河	7	1.51	汝南	4	0.86
宁陵	12	2.58	汝阳	7	1.51	宝丰	4	0.86
民权	11	2.37	西峡	7	1.51	遂平	4	0.86
夏邑	11	2.37	嵩县	7	1.51	襄县	4	0.86
长葛	11	2.37	封丘	6	1.29	获嘉	4	0.86
虞城	11	2.37	洛宁	6	1.29	清丰	4	0.86
辉县	10	2.15	睢县	6	1.29	太康	4	0.86
卢氏	10	2.15	新野	6	1.29	鄢陵	4	0.86
淅川	10	2.15	泌阳	6	1.29	淮阳	4	0.86
栾川	9	1.94	内乡	6	1.29	汲县	4	0.86
舞阳	9	1.94	许昌县	6	1.29	浚县	4	0.86
叶县	9	1.94	永城	6	1.29	修武	4	0.86
柘城	9	1.94	林县	6	1.29	登封	3	0.65
镇平	9	1.94	孟津	6	1.29	平舆	3	0.65
孟县	8	1.72	新安	6	1.29	扶沟	3	0.65
原阳	8	1.72	延津	6	1.29	兰考	3	0.65
邓州	8	1.72	鲁山	5	1.08	南乐	3	0.65
偃师	8	1.72	宜阳	5	1.08	社旗	3	0.65
伊川	8	1.72	郏县	5	1.08	博爱	3	0.65

续表

地区名称	受影响频次	频率（%）	地区名称	受影响频次	频率（%）	地区名称	受影响频次	频率（%）
西华	5	1.08	临颍	5	1.08	林州	3	0.65
禹州	5	1.08	沁阳	5	1.08	罗山	3	0.65
潢川	1	0.22	武陟	5	1.08	商水	3	0.65
杞县	1	0.22	沈丘	5	1.08	内黄	2	0.43
上蔡	1	0.22	方城	5	1.08	陕县	2	0.43
西平	1	0.22	汤阴	5	1.08	温县	2	0.43
新蔡	1	0.22	密县	1	0.22	郾城	2	0.43
新密	1	0.22	濮阳	1	0.22	鹿邑	2	0.43
新郑	1	0.22	息县	1	0.22	通许	2	0.43
范县	1	0.22	光山	1	0.22	灵宝	2	0.43
固始	1	0.22	渑池	1	0.22	商丘	2	0.43
淮滨	1	0.22	淇县	1	0.22	桐柏	2	0.43
确山	2	0.43	尉氏	2	0.43	项城	2	0.43
新乡县	2	0.43	南召	2	0.43	郸城	2	0.43
临汝	2	0.43						

资料来源：根据《中国气象灾害大典》（河南卷）中的历史资料统计计算得到。

高风险区：滑县、宁陵县、民权县、夏邑县、长葛市、虞城县；

较高风险区：辉县、卢氏县、淅川县、栾川县、舞阳县、叶县、柘城县、镇平县、孟县、原阳县、邓州县、偃师市、伊川县；

中等风险区：唐河县、汝阳县、西峡县、嵩县、封丘县、洛宁县、睢县、新野县、泌阳县、内乡县、许昌县、永城县、林县、孟津县、新安县、延津县、鲁山县、宜阳县、郏县、临颍县、沁阳市、武陟县、沈丘县、方城县、汤阴县、西华县、禹州市；

较低风险区：汝南县、宝丰县、遂平县、襄县、获嘉县、清丰县、太康县、鄢陵县、淮阳县、汲县（今新乡卫辉市）、浚县、修武县、登封市、平舆县、扶沟县、兰考县、南乐县、社旗县、博爱县、林州市、罗山县、商水县、内黄县、陕县、温县、郾城县、鹿邑县、通许县、灵宝市、商丘县、桐柏县、项城市、郸城县、南召县、确山县、尉氏县、新乡县、临汝（今平顶山汝州市）；

低风险区：潢川县、杞县、上蔡县、西平县、新蔡县、新密市、新郑市、范县、固始县、淮滨县、密县、濮阳县、息县、光山县、渑池县、淇县；

从冰雹风险等级划分结果可以看出，各地区受冰雹灾害应先频数较为严格地遵循冰雹移动的带状区域分布，这一现象也与"雹打一条线的"俗语相符，在冰雹移动路径上的地区发生冰雹灾害的次数较多。处于低风险区域内的地区，大多距冰雹带较远，冰雹灾害移动至该地区时，力度已有明显减弱，故对这些地区的影响较小。

第四节　风灾害时空分布

河南省境内的风灾害主要是指大风、干热风和龙卷风等严重危及人民日常生活、经济活动的灾害性天气。这里说的大风，是指瞬时风力不小于8级（风速17米/秒），大风过境时，会造成农作物大面积倒伏，从而造成农作物的减产甚至绝收的损失。

干热风是指在小麦生育后期出现的高温、低湿并伴有一定风力的气象灾害。干热风集中于5月下旬至6月上旬，正值小麦灌浆的中后期。干热风的出现致使小麦灌浆期缩短，千粒重降低，造成小麦减产减质。

龙卷风的风速一般为50—150米/秒，最大风速可达200米/秒，破坏力强的龙卷风能连根拔起树木，损坏房屋，使农作物受灾。如2000年，发生在河南省商丘、周口、驻马店3市18县的龙卷风，损毁农作物达10.7万公顷，导致农作物成灾面积近6万公顷，造成农业直接经济损失1.85亿元。[①]

从整理得到的统计资料和数据可知，河南省遭受大风灾害次数多和严重程度大的地区为宁陵、民权和永城；遭受干热风灾害较为严重的地区为民权、宁陵、虞城和夏邑；遭受龙卷风影响的次数较少，影响程度不大，次数发生较多的地区有民权和夏邑，这与河南省地处内陆且地形主要为平原的地理位置和气候特征有较大关系。

依据河南省1950—2000年受大风、干热风、龙卷风严重影响频数表

---

① 《中国气象灾害大典》（河南卷），气象出版社2005年版。

（见附录五），可以将河南省受风灾害影响区域划分为五等级：

高风险区：宁陵县、民权县；

较高风险区：夏邑县、永城县、睢县；

中等风险区：虞城县、柘城县；

较低风险区：孟津县、兰考县、林县、鄢陵县、宝丰县、郾城县、禹州市；

低风险区：郸城县、扶沟县、滑县、辉县、获嘉县、郏县、灵宝市、鲁山县、孟县、泌阳县、渑池县、南乐县、内乡县、杞县、商水县、汤阴县、许昌县、延津县、正阳县、潢川县、浚县、汝阳县、上蔡县、太康县、尉氏县、舞阳县、西华县、西平县、襄城县、新县、新郑市、宜阳县、义马市、荥阳市、镇平县、中牟县、安阳县、博爱县、范县、方城县、固始县、光山县、汲县、临汝（今平顶山汝州市）、卢氏县、栾川县、罗山县、南召县、内黄县、平舆县、濮阳县、淇县、沁阳市、汝南县、陕县、商城县、桐柏县、卫辉市、温县、舞钢市、西峡县、淅川县、新安县、株洲（今商丘市梁园区）。

第五节　霜冻、雪灾害时空分布

一　霜冻灾害

霜冻灾害是指作物在生长季节，植物体内温度降到0℃以下时，体内水分发生冻结而造成的伤害，它能使作物枯萎甚至死亡。秋季的早霜和春末的晚霜对作物有致命的威胁，早霜冻多发生在9—10月，晚霜冻多出现在4—5月。

河南省的春霜比秋霜危害更大，这是因为，小麦越冬以后，进入生长季节，机体的含糖量降低，抗寒性减弱，一遇霜冻，便会受害，引起减产。河南省大部分地区霜冻多为三年一遇，一般北部多于南部，山区多于平原。出现严重晚霜冻的年份为1953年、1954年、1962年、1964年、1970年、1995年。如1953年4月13日，河南省有97个县市，246.67万公顷小麦受害，减产10.5亿千克以上，为河南霜冻致灾最重的一例。①

以 1949—2000 年霜冻灾害对河南省各区域严重影响频次为依据，将河南省霜冻灾害分为三个等级［组距 = （11 - 1）/3 = 3.33］，分别标记为高、中、低三个等级。

从表 4 - 10 中可以看出，夏邑县和虞城县是受霜冻灾害影响频次最高的两个县，这两个县受霜冻灾害严重影响的频次与其他县市差距非常大。河南省有 17 个县市处于受霜冻灾害影响中等级别以上，其余县市受霜冻灾害影响较小。

表 4 - 10　　　　　霜冻灾害对各区域严重影响频次及风险等级

风险等级	地区名称	受影响频次	频率（%）	风险等级	地区名称	受影响频次	频率（%）
高	夏邑	11	10.68	低	邓县	1	0.97
高	虞城	10	9.71	低	尉氏	1	0.97
中	卢氏	5	4.85	低	新县	1	0.97
中	民权	5	4.85	低	修武	1	0.97
中	永城	5	4.85	低	郾城	1	0.97
中	确山	4	3.88	低	宜阳	1	0.97
中	林县	4	3.88	低	范县	1	0.97
中	上蔡	3	2.91	低	淇县	1	0.97
中	渑池	3	2.91	低	汝南	1	0.97
中	宁陵	3	2.91	低	偃师	1	0.97
中	安阳县	2	1.94	低	正阳	1	0.97
中	沈丘	2	1.94	低	新野	1	0.97
中	义马	2	1.94	低	叶县	1	0.97
中	许昌县	2	1.94	低	荥阳	1	0.97
中	宝丰	2	1.94	低	长葛	1	0.97
中	栾川	2	1.94	低	获嘉	1	0.97
中	武陟	2	1.94	低	内乡	1	0.97
中	鄢陵	2	1.94	低	沁阳	1	0.97

---

① 《中国气象灾害大典》（河南卷），气象出版社 2005 年版。

续表

风险等级	地区名称	受影响频次	频率（%）	风险等级	地区名称	受影响频次	频率（%）
中	鲁山	2	1.94	低	陕县	1	0.97
低	嵩县	1	0.97	低	罗山	1	0.97
低	襄县	1	0.97	低	清丰	1	0.97
低	伊川	1	0.97	低	睢县	1	0.97
低	郸城	1	0.97	低	舞阳	1	0.97
低	淮阳	1	0.97	低	新安	1	0.97
低	郏县	1	0.97	低	柘城	1	0.97
低	中牟	1	0.97				

　　资料来源：根据《中国气象灾害大典》（河南卷）中的历史资料统计计算得到。

二　雨凇灾害

　　雨凇、冻雨，是由过冷却雨滴降落到 0℃ 以下的地面或地面物体上冻结而成，是一种白色透明或半透明的冰层，易发生在冬、春季节，容易对小麦、设施蔬菜以及树木造成一定程度的损毁。

　　依据河南省各年份统计资料中关于雨凇灾害的发生情况，整理得到表 4－11，并依据发生频次对河南省各县市雨雪凇灾害进行了风险等级的划分，组距为 1.67。

表 4－11　雨雪凇灾害对河南省各区域的严重影响频次及风险等级

风险等级	地区名称	受影响频次	频率（%）	风险等级	地区名称	受影响频次	频率（%）
高	民权	6	5.88	中	禹县	4	3.92
高	夏邑	6	5.88	中	宁陵	4	3.92
高	宝丰	6	5.88	中	永城	4	3.92
高	长葛	6	5.88	中	临颍	3	2.94
高	许昌县	5	4.90	中	襄县	3	2.94
高	鄢陵	5	4.90	中	新县	3	2.94
低	方城	2	1.96	中	叶县	3	2.94
低	平舆	2	1.96	中	太康	3	2.94

续表

风险等级	地区名称	受影响频次	频率（%）	风险等级	地区名称	受影响频次	频率（%）
低	舞阳	2	1.96	低	卢氏	1	0.98
低	正阳	2	1.96	低	淇县	1	0.98
低	郏县	2	1.96	低	沈丘	1	0.98
低	孟津	2	1.96	低	西华	1	0.98
低	息县	2	1.96	低	原阳	1	0.98
低	安阳县	1	0.98	低	中牟	1	0.98
低	淮阳	1	0.98	低	邓州	1	0.98
低	新密	1	0.98	低	巩义	1	0.98
低	郾城	1	0.98	低	鹿邑	1	0.98
低	扶沟	1	0.98	低	清丰	1	0.98
低	潢川	1	0.98	低	睢县	1	0.98
低	栾川	1	0.98	低	西峡	1	0.98
低	商城	1	0.98	低	新郑	1	0.98
低	新蔡	1	0.98	低	范县	1	0.98
低	延津	1	0.98	低	固始	1	0.98
低	虞城	1	0.98	低	柘城	1	0.98

资料来源：根据《中国气象灾害大典》（河南卷）中的历史资料统计计算得到。

河南省受雨雪凇灾害影响较为严重的县市主要有民权县、夏邑县、宝丰县、长葛市、许昌县和鄢陵县，受雨雪凇灾害影响处于中等程度的县市主要有禹县（今许昌禹州市）、宁陵县、永城县、临颍县、襄县、新县、叶县和太康县，河南省大多数县市受雨雪凇灾害影响程度较轻。

三 大雪灾害

冬春季节连降大雪容易对处于返青的农作物、拔节和开花期的农作物造成危害。如1998年信阳市大雪给农业生产造成了严重危害，全市农作物受灾面积22.62万公顷，其中，成灾面积13.14万公顷，油菜严重减产6.66万公顷，占播种面积的76%，农业直接损失近2亿元。河南省降雪与其地形密切相关，山区多于平原，一年之中，降雪较多的月份集中在1月，不同的地区发生的频次和严重程度也不尽相同（见表4-12）。

表 4 - 12　　　　大雪灾害对河南省各区域的严重影响频次及风险等级

风险等级	地区名称	受影响频次	频率（%）	风险等级	地区名称	受影响频次	频率（%）
高	固始	3	5.88	低	安阳县	1	1.96
中	扶沟	2	3.92	低	邓州	1	1.96
中	淮滨	2	3.92	低	范县	1	1.96
中	潢川	2	3.92	低	光山	1	1.96
中	获嘉	2	3.92	低	郏县	1	1.96
中	卢氏	2	3.92	低	林县	1	1.96
中	鹿邑	2	3.92	低	林州	1	1.96
中	孟津	2	3.92	低	临颍	1	1.96
中	渑池	2	3.92	低	栾川	1	1.96
中	陕县	2	3.92	低	洛宁	1	1.96
中	新县	2	3.92	低	平舆	1	1.96
低	许昌县	1	1.96	低	沁阳	1	1.96
低	鄢陵	1	1.96	低	汝阳	1	1.96
低	偃师	1	1.96	低	商水	1	1.96
低	叶县	1	1.96	低	西华	1	1.96
低	伊川	1	1.96	低	西峡	1	1.96
低	义马	1	1.96	低	息县	1	1.96
低	禹州	1	1.96	低	新野	1	1.96
低	原阳	1	1.96	低	中牟	1	1.96
低	正阳	1	1.96				

资料来源：根据《中国气象灾害大典》（河南卷）中的历史资料统计计算得到。

从表 4 - 12 可以看出，总体而言，河南省受大雪灾害的影响并不严重，各县市受大雪灾害影响的频次也较其他灾害要少。大多数年份的冬春降雪为农作物的生长提供了充足的养分，有利于农作物的生长发育。

第六节　病虫害时空分布

1946 年以前，由于观测、记载的不完整性，河南省境内病虫害的记载以蝗虫为主，其实，河南省受到的植物病害就有 2000 多种，虫害 100 余种，且每年都会对局部区域农作物造成损失，农作物遭受病虫害后不仅产量会有所减少，质量也会明显变差。河南省作为一个农作物种植大省，病虫害的分布范围很广，危害程度也很大。如 1991 年，河南省纹枯病发生面积共达 164.3 万公顷。

表 4-13 是由相关资料整理计算得到的河南省各县市受病虫害影响的频次及风险等级。舞阳为受病虫害最严重的地区，南乐县等 10 个县受病虫害的影响程度处于中等水平。

表 4-13　　　　病虫害对河南省各区域的严重影响频次及风险等级

风险等级	地区名称	受影响频次	频率（%）	风险等级	地区名称	受影响频次	频率（%）
高	舞阳	6	6.82	低	安阳县	2	2.27
中	南乐	4	4.55	低	封丘	2	2.27
中	许昌县	4	4.55	低	辉县	2	2.27
中	郾城	4	4.55	低	获嘉	2	2.27
中	登封	3	3.41	低	林州	2	2.27
中	范县	3	3.41	低	孟津	2	2.27
中	焦作	3	3.41	低	陕县	2	2.27
中	南阳	3	3.41	低	汤阴	2	2.27
中	内黄	3	3.41	低	鄢陵	2	2.27
中	汝阳	3	3.41	低	永城	2	2.27
中	襄县	3	3.41	低	郸城	1	1.14
低	桐柏	1	1.14	低	巩义	1	1.14
低	息县	1	1.14	低	鹤壁	1	1.14
低	夏邑	1	1.14	低	滑县	1	1.14
低	新安	1	1.14	低	开封县	1	1.14
低	新密	1	1.14	低	兰考	1	1.14
低	新野	1	1.14	低	临颍	1	1.14
低	延津	1	1.14	低	孟州	1	1.14
低	偃师	1	1.14	低	濮阳	1	1.14
低	荥阳	1	1.14	低	淇县	1	1.14

续表

风险等级	地区名称	受影响频次	频率（%）	风险等级	地区名称	受影响频次	频率（%）
低	虞城	1	1.14	低	清丰	1	1.14
低	禹县	1	1.14	低	汝州	1	1.14
低	原阳	1	1.14	低	商水	1	1.14
低	长葛	1	1.14	低	嵩县	1	1.14
低	长垣	1	1.14	低	中牟	1	1.14

资料来源：根据《中国气象灾害大典》（河南卷）中的历史资料统计计算得到。

　　近年来，河南省按照科学方法防治病虫害，全面落实"一喷三防"工作，确保"一喷三防"补助资金及时落实到户，加大专业化统防统治的力度，通过多种渠道，有效地遏制了重大病虫害的爆发蔓延，降低了病虫危害，实现了虫口夺粮，对于粮食稳产起到了一定的积极作用。

　　如河南省植保部门会从上年度秋播开始，在河南省设立多个病虫重点测报站及1000多个基层监测点，坚持做好病虫普查工作。从每年3月开始，在河南省多个县市安置孢子捕捉仪，努力提高病虫害的预报超前率。通过专家座谈会，对病虫害的发生趋势进行分析，组织开展河南省的病虫普查，充分利用网络系统，加快病虫信息传递速度并对首先发现病虫害的个人予以奖励。这些措施的实施，为河南省粮食总产量实现连增做出了一定贡献，着实促进了河南农业增效、农民增收。

本章小结

　　本章节对河南省遭受的干旱、雨涝、冰雹、风灾、霜冻、雪灾、雨淞以及病虫灾害等严重危害，河南省农作物的主要自然灾害的时间、空间分布特征进行了描述性分析，并依据各种类型灾害发生的频次以及严重程度对河南省各县市进行了简单的等级划分。

　　从历年影响范围与灾害发生频次来看，河南省受干旱和雨涝灾害的影响面积最大，其次为冰雹与霜冻灾害，而风灾害、大雪、雨淞及病虫害对河南省的影响相对较轻。同一灾害在地域分布上也存在较大差异。

正因为不同的农作物、地区受自然灾害的种类、影响程度存在差异，农作物保险的风险区划工作才有必要性，这为后文开展河南省各县市农作物生产风险的区划指标的计算提供了依据。

在整理上述表格和各种自然灾害的过程中，发现不同的农作物受到的自然灾害种类也有较大差异，如干热风主要对小麦产生影响，而对其他作物的影响相对较小。对于不同农作物遭受自然灾害的差异将在各农作物县级风险区划的指标选取中进行具体阐述，并将某一农作物遭受哪些自然灾害的影响，影响的总频率纳入县级风险区划指标体系，这也是本书的主要创新点之一。

第五章　河南省主要农作物系统性风险分析

在第四章对各种自然灾害资料进行整理时发现，干旱、洪涝、冰雹、大风、霜冻、病虫害等自然灾害发生后，往往会有造成大面积农作物损失的风险，经常波及风险发生区域内的大多数农户。这种源于区域性相同气候或者特定的极端天气事件造成的大面积农作物受灾的风险被称为系统性风险。

2014 年，河南省平顶山、南阳、信阳、开封、鹤壁、驻马店等地市秋粮遭遇了近 63 年以来最严重的夏旱，严重影响了当地的农业生产和农民生活。系统性风险的存在加大了大灾、巨灾风险发生的概率和损失程度，削弱了传统农业保险分散风险的能力，直接影响农业保险的赔付率以及保险公司的偿付能力，是农业保险经营中的最大障碍之一。

系统性风险的发生甚至会比逆向选择和道德风险问题还要严重，严重的系统性风险不仅会导致保险公司多年积累的农业保险业务经营利润付诸东流，在农业保险基本靠天收的、巨灾风险机制等各项制度尚不完善的现阶段，系统性风险的发生还会影响农业保险业务规模的扩大。

国内外关于系统性风险的研究表明，农业生产和农业保险经营中系统性风险普遍存在，且对农业保险经营的影响很大，需要引起制度设计者和学者的重视。本书在上述研究的基础上，汲取有关文献中的精华，对河南省主要农作物的系统性风险进行了实证研究。

本书选取度量农作物系统性风险的指标，设定河南省为保险大区域进行研究，河南省各地市、各县市分别为相应的小区域，综合小区域与大区域之间产量损失的相关性和小区域两两之间的相关性，基于小波分析和聚类分析法对河南省县级小麦、玉米、棉花和花生系统性风险进行了测算和风险等级划分，并提出开展区域产量保险以有效应对农作物系统性风险的政策建议。

第一节　基于小波分析的趋势单产估计

小波分析是基于傅里叶（Fourier）变换的传统信号分析方法，它是一种全局变换，其单一的时域或频域变换无法表述信号的时频局域性质。而其无法表述的部分恰恰是分析非平稳信号的关键之处。小波分析是基于信号时频局域特征，对传统傅里叶变换的一种发展，能够较好地分析和处理非平稳信号。

作为一种时间—尺度分析方法，小波分析具有多分辨率分析的特点，其时间窗和频率窗的窗口大小固定不变，但其形状可改变，是一种时频局部化分析方法。在低频部分具有较高的频率分辨率和较低的时间分辨率，在高频部分具有较高的时间分辨率和较低的频率分辨率，小波分析的这一特性正符合低频信号变化缓慢而高频信号变化迅速的特点。近年来，学者逐渐将小波分析应用于农作物产量趋势的分析领域中，并取得了较好的效果。

设 $\Psi(t) \in L^2(R)$，$L^2(R)$ 表示平方可积的实数空间，其傅里叶变换为 $\hat{\Psi}(\omega)$，当 $\hat{\Psi}(\omega)$ 满足以下允许条件时：

$$C_\Psi = \int_R \frac{|\hat{\Psi}(\omega)|}{|\omega|} d\omega < \infty \tag{5.1}$$

我们称 $\Psi(t)$ 为一个基本小波或者母小波，将母小波经过伸缩和平移以后，就可以得到一个小波序列。

马拉特（Mallat，1989）在构造正交小波基时提出了多分辨分析（Multi – Resolution Analysis）的概念，并给出了正交小波的构造方法以及正交小波变换的快速算法，即马拉特算法。

马拉特算法具体表示如下：

$$A_{j+1,k} = \sum_m h_0(m - 2k) A_{j,m} \tag{5.2}$$

$$D_{j+1,k} = \sum_m h_1(m - 2k) A_{j,m} \tag{5.3}$$

式中，j 为分解尺度；k、m 为平移系数；$A_{j,m}$ 为尺度系数，是低频部分；$D_{j,k}$ 为小波系数，是高频部分；h_0 和 h_1 分别是低通和高通滤波器。利用分解后的小波系数可以重构原来的序列，小波系数的重构公式为：

$$A_{j-1,m} = \sum_k h_0(m - 2k)A_{j,k} + \sum_k h_1(m - 2k)D_{j,k} \qquad (5.4)$$

关于小波多分辨分析，这里用一个三层的分解树以帮助理解。

从图5-1中可以明显看出，小波多分辨分析只是对低频部分进行逐步分解，而高频部分则不予以考虑，结果使频率的分辨率变得越来越高。上述分解树的结构图表示为：$A = A_3 + D_3 + D_2 + D_1$。其中，A 表示原始信号，在第一层分解时，A 的频率被分解为高频部分 D_1 和低频部分 A_1。在第二层分解时，只对 A_1 表示的低频部分继续分解，分解后包括 A_2 表示的低频部分和 D_2 表示的高频部分。第三层分解对 A_2 继续分解，分解为 A_3 表示分解后的低频部分和 D_3 表示的高频部分，依次进行下去。

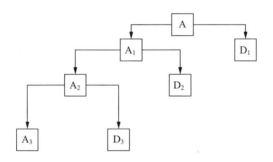

图5-1　三层小波多分辨分析树结构

经过上述步骤，信号最终被层层分解，每一层分解得到的低频部分又可以被继续分解为低频和高频部分。将上述分解式的左右变量进行互换，即对小波分解过程进行逆运算，就可以得到小波重构后的信号。具体的分解层数根据研究对象的实际情况确定。

第二节　实证设计

本章以河南省各地市、各县市的小麦、玉米、棉花、花生为研究对象，这四种作物为河南省的主要农作物，也是农业保险主要保障的农作物，以这四种作物进行系统性风险的分析，具有一定的代表性，能够在较大程度上反映河南省农作物保险业务面临的赔付系统性风险的大小。

书中给出了度量农作物系统性风险的三个指标：系统性风险所占比重 R_i、小区域 i 与大区域自然风险单产相关系数 $R_{i\alpha}$ 以及小区域 i 与大区域内其他小区域自然风险单产相关系数的平均值 $\bar{R}$。其中，小区域分别指河南省各地市、各县市，大区域表示河南省。

自然风险单产表示农作物单位面积产量偏离趋势产量的程度，用以衡量农作物遭受自然灾害时的单位面积损失产量。利用上述三个指标分别对河南省各地市、各县市四种农作物的系统性风险进行聚类分析，将农作物的系统性风险划分为五个等级。

一　自然风险单产

在农业保险的经济分析中，自然风险单产这一变量比较常见，它度量的是自然灾害风险因素给农作物带来的单位面积产量损失，用 e_{it} 表示，$e_{it} = Y_{it} - \hat{Y}_{it}$。剔除了农业技术水平的影响，表示实际单产偏离趋势单产的波动程度。Y_{it} 表示农作物单产数据（单产，即千克/亩），$\hat{Y}_{it}$ 为农作物趋势单产，即仅考虑农业生产条件变化影响下的理想产量。

自然风险单产的计算涉及农作物趋势单产的估计，本书利用小波多分辨分析方法完成这一估计。小波函数的特性决定了其对信号分解效果的优劣，具有紧支撑的小波函数对信号的分辨能力较强；对称性使小波重构得以顺利进行并能减小误差。

常见的用于作物单产趋势估计中的小波函数主要有 Morlet 小波（刘会玉等，2004）、db 函数（谷政等，2010）和 sym 8 小波（李永等，2011；冯晶，2014），Morlet 小波不具有紧支撑性及正交性，db 函数大多不具有对称性，而 sym 8 小波函数则具有紧支撑性、正交性及对称性，且是对 db 函数的一种改进。

本书采用 sym 8 小波函数对农作物单产进行三层小波分解与重构，并对重构后的低频系数进行多项式拟合得到农作物趋势单产，由于这一步骤只是下面分析的基础，也是农作物保险风险分区和费率厘定的基础，限于篇幅，仅在此处呈现安阳市小麦单产趋势分解过程和自然风险单产的计算结果，其他各地市、县市的农作物单产趋势的处理过程与其相似。

从小麦单产原始数据 X 的序列图可以看出，安阳市小麦单产为非平稳序列，时间趋势较为明显，经过三层小波分解及重构后的低频系数 a_3 平滑，高频系数平稳，可利用低频系数进行趋势单产的预测。

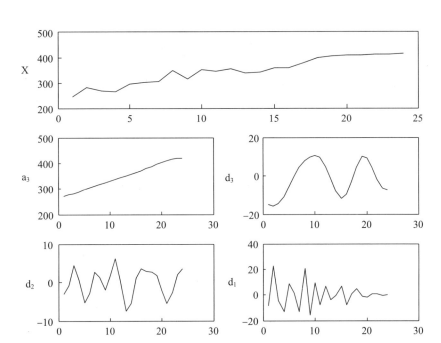

图 5 - 2   安阳市小麦单产序列的三层小波分解系数重构

小波多分辨分析对低频信号（趋势单产序列）的高频率—低时间的分辨率和对高频信号（波动单产序列）的低频率—高时间的分辨率特性，使小波分析的运用较好地估计了小麦趋势单产。依照 $e_{it} = Y_{it} - \hat{Y}_{it}$，可得到表 5 - 1。

表 5 - 1　　　　　　小波分解与重构后的安阳市小麦单产序列

年份	小麦单产（千克/亩）		年份	小麦单产（千克/亩）	
	趋势单产	自然风险单产		趋势单产	自然风险单产
1990	271. 2689	− 26. 2689	2002	349. 8273	− 12. 2273
1991	275. 9545	6. 0455	2003	356. 2766	− 13. 9433
1992	281. 7729	− 14. 3062	2004	363. 1737	− 3. 9737
1993	288. 4311	− 23. 0311	2005	370. 765	− 13. 965
1994	295. 6357	− 2. 2357	2006	378. 8012	0. 532133
1995	303. 1801	− 1. 71343	2007	386. 7898	12. 14353

续表

年份	小麦单产（千克/亩）		年份	小麦单产（千克/亩）	
	趋势单产	自然风险单产		趋势单产	自然风险单产
1996	310.6957	−6.02903	2008	394.6668	10.40827
1997	317.8036	29.66307	2009	402.3301	5.203233
1998	324.5364	−8.06973	2010	409.177	−0.377
1999	331.0866	21.58007	2011	414.6841	−3.8841
2000	337.4369	7.696433	2012	418.244	−4.97733
2001	343.6074	12.32593	2013	419.2278	−3.89447

二 指标设定

分别以小区域（河南省各地市、各县市）与大区域（河南省）之间、小区域（河南省各地市、各县）与小区域（河南省各地市、各县市）之间自然风险单产的相关性对农作物系统性风险进行了度量。

（一）农作物自然风险单产中系统性风险所占比重

假设特定的大区域（河南省）内有 N 个小区域（各地市、各县市），大区域第 t 年农作物单产为 $Y_{\alpha t}$，第 i 个小区域第 t 年的农作物单产为 Y_{it}（i = 1, 2, ⋯, N; t = 1, 2, ⋯, T）。

$$Y_{it} - \hat{Y}_{it} = \beta_i \left(Y_{\alpha t} - \hat{Y}_{\alpha t} \right) + \varepsilon_{it} \tag{5.5}$$

式中，ε_{it} 为随机扰动项，服从独立同分布。等式左右两边同时求方差，通过计算得 $\beta_i = \mathrm{Cov}(Y_{it}, Y_{\alpha t}) / \mathrm{Var}(Y_{\alpha t})$，Cov（·）表示协方差，Var（·）表示方差。假设 $Y_{\alpha t}$ 与 ε_{it} 相互独立，可得：

$$R_i = \frac{\beta_i \sqrt{\mathrm{Var}(Y_{\alpha t})}}{\beta_i \sqrt{\mathrm{Var}(Y_{\alpha t})} + \sqrt{\mathrm{Var}(\varepsilon_{it})}} \tag{5.6}$$

该指标可以用于度量农作物产量风险中系统性风险所占比重，但是，这一指标仅仅考察了小区域农作物产量受大区域风险影响所造成的损失程度，而没有考察其他小区域发生自然灾害对该小区域自然风险单产的影响。

鉴于此，本书加入了另外两个指标，小区域 i 与大区域自然风险单产相关系数 $R_{i\alpha}$ 和小区域 i 与大区域内其他小区域自然风险单产相关系数的平均值 $\bar{R}$。

（二）小区域 i 与大区域自然风险单产相关系数

$$R_{i\alpha} = \frac{\text{Cov}(e_{it}, e_{\alpha t})}{\sqrt{\text{Var}(e_{it})} \cdot \sqrt{\text{Var}(e_{\alpha t})}} \qquad (5.7)$$

小区域 i 自然风险单产与大区域自然风险单产的相关程度，表示自然灾害发生时，小区域与大区域农作物受自然灾害影响的相关性程度大小。

相关程度越大，表明自然灾害发生时，该小区域与大区域农作物损失程度越趋于一致，自然灾害造成的农作物受灾面积越大，造成的损失越严重。

（三）小区域 i 与大区域内其他小区域自然风险单产相关系数的平均值

$$\overline{R} = \frac{1}{N-1} \cdot \sum_{j \neq i} R_{ij} \qquad (5.8)$$

式中，$\overline{R}$ 是指自然灾害发生时，小区域 i 自然风险单产受其他小区域自然灾害影响的平均值。

该平均值的大小，反映了小区域农作物产量受其他小区域发生的自然灾害的影响大小，该指标值越大，表明其他小区域发生自然灾害时较易波及至该小区域。

上述三个指标分别从不同的角度刻画了一个区域内农作物系统性风险的大小，对农作物系统性风险的度量具有一致性：指标值大，表明农作物系统性风险较大；反之，农作物系统性风险则较小。

三　数据来源

河南省各地市、各县市的四种农作物单产数据时间跨度为 1990—2013 年，分别由 1991—2014 年的《河南统计年鉴》、1991—2005 年的《河南农村统计年鉴》和 2006—2012 年的《河南调查年鉴》汇总得到。由于济源市部分年份数据缺失，且其农作物种植面积较小，故在分析中将其剔除。

在分析时为避免种植面积过小（常年小于 1000 公顷）或数据缺失对结果产生偏误，故将这些面积较小或数据存在缺失的县市剔除。对县级小麦、玉米、棉花和花生系统性风险进行分析时所包括的县市个数分别为 106 个、99 个、59 个和 86 个。

第三节 结果分析

一 河南省各地市、各县市农作物系统性风险

借助 Matlab R2014a 编程对农作物单产的趋势产量进行分析和拟合，得到河南省各地市、各县市小麦、玉米、棉花和花生的自然风险单产，然后计算出三个系统性风险指标，对各地市、各县市农作物系统性风险指标求平均值，得到表5-2（河南省各地市、各县市四种主要农作物系统性风险指标值见附件六）。

表5-2 　　　　　河南省各地市、各县市农作物系统性风险平均值

种类	R 小麦	$R_{i\alpha}$小麦	$\overline{R}$ 小麦	R 玉米	$R_{i\alpha}$玉米	$\overline{R}$ 玉米
各地市均值	0.447	0.624	0.399	0.441	0.607	0.386
各县市均值	0.382	0.525	0.328	0.378	0.516	0.290
种类	R 棉花	$R_{i\alpha}$棉花	$\overline{R}$ 棉花	R 花生	$R_{i\alpha}$花生	$\overline{R}$ 花生
各地市均值	0.42	0.57	0.401	0.441	0.605	0.373
各县市均值	0.436	0.593	0.433	0.366	0.499	0.297

表5-2中给出的是河南省各地市、各县市四种主要农作物的系统性风险指标均值，可以看出各地市、县市四种农作物系统性风险均值基本在0.32以上。小麦系统性风险中最小的地市为三门峡市、最大的是地市许昌市；玉米系统性风险中最小的地市为三门峡市，最大的地市为商丘市；棉花系统性风险中最小的地市为洛阳市，最大的地市为周口市；花生系统性风险中最小的地市为鹤壁市，最大的地市为商丘市。系统性风险较大的地区，农作物因自然灾害发生大面积损失的可能性也较大。同一区域内的不同农作物面临的系统性风险差别较大。

二 河南省各县市农作物系统性风险聚类结果

为更加清晰地了解河南省各县市农作物系统性风险大小，对农作物系统性风险指标进行系统聚类分析，在聚类分析之前采用标准化方法消除各变量间存在的量纲差异。

个体之间距离的计算采用欧式距离法，类与类之间的距离计算分别

采用类平均法、最长距离法、离差平方和法和可变类平均法。通过比较系统聚类树的 Cophenetic 相关系数确定聚类结果，该相关系数越接近于1，表明聚类效果越好，从而确定最优的聚类结果。

　　将各县市农作物系统性风险划分为五个等级（见表 5 – 3），用 I（高）、Ⅱ（较高）、Ⅲ（中等）、Ⅳ（较低）、Ⅴ（低）表示，数字越大，说明风险等级越小。

表 5 – 3　　　　河南省各县市小麦系统性风险等级划分结果

风险等级	地区	R	$R_{i\alpha}$	$\overline{R}$
I	杞县、罗山县、鄢陵县、襄城县	[0.553, 0.602]	[0.778, 0.834]	[0.450, 0.498]
Ⅱ	安阳县、淇县、博爱县、武陟县、温县、泌阳县、通许县、尉氏县、孟津县、汝阳县、洛宁县、伊川县、舞阳县、临颍县、南召县、方城县、社旗县、唐河县、新野县、舞钢市、汝州市、清丰县、南乐县、卢氏县、民权县、宁陵县、柘城县、虞城县、夏邑县、永城县、新乡县、延津县、长垣县、卫辉市、辉县市、光山县、新县、商城县、固始县、潢川县、淮滨县、息县、许昌县、禹州市、长葛市、中牟县、荥阳市、扶沟县、西华县、沈丘县、淮阳县、太康县、鹿邑县、项城市、西平县、上蔡县、平舆县、正阳县、确山县、汝南县、新蔡县	[0.316, 0.530] [0.316, 0.530]	[0.420, 0.748] [0.420, 0.748]	[0.289, 0.444] [0.289, 0.444]
Ⅲ	汤阴县、滑县、林州市、浚县、修武县、孟州市、开封县、兰考县、新安县、栾川县、嵩县、宜阳县、偃师县、镇平县、濮阳县、范县、义马市、渑池县、陕县、睢县、获嘉县、原阳县、封丘县、巩义市、新郑市、登封市、商水县、郸城县	[0.239, 0.373]	[0.300, 0.511]	[0.192, 0.299]
Ⅳ	内黄县、西峡县、内乡县、台前县、灵宝县、新密市	[0.156, 0.253]	[0.182, 0.320]	[0.112, 0.215]
Ⅴ	淅川县	0.077	0.083	0.067

从表 5-3 可以看出，小麦系统性风险值最低的县为淅川县，三个系统性风险指标均很小，不到 0.1；系统性风险值最高的县为杞县、罗山县、鄢陵县和襄城县。河南省小麦系统性风险计算涉及的县市基本涵盖了河南省所有县市，其中，65 个县市小麦系统性风险处于较高和高风险等级，可见，河南省小麦生产的系统性风险处于较高水平。

表 5-4、表 5-5 和表 5-6 分别给出了河南省各县市玉米、棉花和花生的系统性风险等级划分，并给出了相应的指标分布区间。

表 5-4 河南省各县市玉米系统性风险的系统聚类结果

风险等级	地区	R	$R_{i\alpha}$	$\overline{R}$
I	博爱县、武陟县、杞县、尉氏县、开封县、兰考县、方城县、郏县、舞钢市、民权县、睢县、宁陵县、柘城县、虞城县、夏邑县、永城县、许昌县、扶沟县、商水县、沈丘县、郸城县、淮阳县、太康县、鹿邑县、项城市、上蔡县、确山县	[0.4897, 0.655]	[0.692, 0.885]	[0.393, 0.488]
II	安阳县、修武县、泌阳县、通许县、栾川县、伊川县、舞阳县、临颍县、西峡县、镇平县、内乡县、淅川县、社旗县、新野县、邓州市、宝丰县、叶县、鲁山县、濮阳县、清丰县、南乐县、灵宝县、新乡县、长垣县、辉县市、淮滨县、息县、鄢陵县、禹州市、长葛市、荥阳市、新密市、新郑市、登封市、西华县、西平县、平舆县、汝南县、新蔡县	[0.319, 0.488] [0.319, 0.488]	[0.424, 0.690] [0.424, 0.690]	[0.219, 0.386] [0.219, 0.386]
III	林州市、温县、孟州市、洛宁县、偃师县、南召县、范县、台前县、封丘县、中牟县、正阳县	[0.254, 0.323]	[0.323, 0.430]	[0.165, 0.253]
IV	滑县、内黄县、浚县、淇县、孟津县、新安县、嵩县、汝阳县、宜阳县、唐河县、汝州市、渑池县、获嘉县、原阳县、延津县、卫辉市、固始县、襄城县、巩义市	[0.130, 0.227]	[0.147, 0.282]	[0.063, 0.178]
V	汤阴县、陕县、卢氏县	[0.018, 0.090]	[0.019, 0.099]	[0.035, 0.073]

表 5 - 5　　　　河南省各县市棉花系统性风险的系统聚类结果

风险等级	地区	R	$R_{i\alpha}$	$\overline{R}$
I	杞县、通许县、尉氏县、开封县、兰考县、南乐县、民权县、睢县、宁陵县、柘城县、虞城县、夏邑县、永城县、扶沟县、西华县、商水县、郸城县、淮阳县、太康县、鹿邑县	[0.538, 0.726]	[0.759, 0.936]	[0.546, 0.616]
II	汤阴县、滑县、内黄县、舞阳县、临颍县、方城县、镇平县、内乡县、社旗县、唐河县、邓州市、濮阳县、灵宝县、新乡县、延津县、封丘县、长垣县、息县、许昌县、禹州市、长葛市、沈丘县、项城市、上蔡县、平舆县、汝南县、新蔡县	[0.277, 0.487]	[0.357, 0.689]	[0.356, 0.554]
III	安阳县、泌阳县、孟州市、新野县、清丰县、卫辉市、淮滨县、正阳县	[0.152, 0.334]	[0.176, 0.449]	[0.232, 0.320]
IV	林州市、汝州市、原阳县	[0.030, 0.170]	[0.031, 0.200]	[0.037, 0.106]
V	中牟县	-0.142	-0.123	0.046

表 5 - 6　　　　河南省各县市花生系统性风险的系统聚类结果

风险等级	地区	R	$R_{i\alpha}$	$\overline{R}$
I	泌阳县、杞县、通许县、尉氏县、兰考县、唐河县、南乐县、民权县、睢县、宁陵县、虞城县、夏邑县、扶沟县、西华县、淮阳县、太康县、鹿邑县、上蔡县、汝南县	[0.515, 0.627]	[0.728, 0.859]	[0.367, 0.486]
II	汤阴县、滑县、内黄县、武陟县、开封县、镇平县、社旗县、邓州市、清丰县、范县、柘城县、长垣县、光山县、新县、许昌县、长葛市、商水县、沈丘县、郸城县、项城市、西平县、平舆县、正阳县、确山县、新蔡县	[0.358, 0.518]	[0.487, 0.733]	[0.264, 0.406]

续表

风险等级	地区	R	$R_{i\alpha}$	R
Ⅲ	林州市、修武县、孟州市、嵩县、汝阳县、宜阳县、伊川县、偃师县、南召县、方城县、内乡县、新野县、桐柏县、宝丰县、鲁山县、郏县、汝州市、濮阳县、永城县、原阳县、延津县、辉县市、潢川县、淮滨县、襄城县、禹州市、巩义市、新密市、新郑市	[0.147, 0.363]	[0.170, 0.495]	[0.192, 0.340]
Ⅳ	新乡县、封丘县、卫辉市、商城县、中牟县	[0.170, 0.253]	[0.200, 0.321]	[0.126, 0.169]
Ⅴ	温县、淅川县、叶县、罗山县、固始县、息县、荥阳市、登封市	[0.008, 0.120]	[0.008, 0.135]	[0.081, 0.145]

从上述三个表中可以直观地看出，玉米系统性风险处于较高和高风险等级的县市个数为66个，且处于高风险等级内的县市个数为27个；系统性风险最低的县为汤阴县、陕县和卢氏县，这三个县的系统性风险指标值均小于0.1。

棉花系统性风险处于较高和高风险等级的县市有47个，处于低和较低的县市为中牟县、林州市、汝州市和原阳县，其中，中牟县棉花系统性风险指标中前两项均为负值（分别为-0.142和-0.123），后一项值为0.046，接近于零，可以认为，该县棉花生产风险与其他县市不相关，表明其棉花生产不存在系统性风险。

花生系统性风险处于较高和高风险等级的县市有44个，处于低风险等级内的县市为温县、淅川县、叶县、罗山县、固始县、息县、荥阳市和登封市。

四种农作物最低风险等级内各县市系统性风险指标的均值与0较为接近，而最高风险等级内各县市系统性风险指标的均值多处于0.5以上。相对于小麦而言，棉花、花生与玉米三种农作物系统性风险处于高风险等级内的县市个数明显较多。

同一地区不同农作物的系统性风险也存在较大差异，以汤阴县为例，对于小麦作物而言，其系统性风险处于中等风险级别内；对于玉米而言，其系统性风险处于低风险级别内；对于棉花而言，其系统性风险处于较高风险级别内；对于花生而言，其系统性风险处于较高风险级别内。

可见，即使是同一区域，因不同作物对自然灾害的敏感度不同，抗灾性能的差异，其系统性风险也存在较大的区别。这意味着在进行风险分区与费率分区时，农作物种类的差异应该有所体现。

总体而言，河南省农作物系统性风险相对较大，且在不同的县市之间存在很大的差异，不同的农作物种类的系统性风险也不相同。从各县市系统性风险指标可以看出，四种作物中棉花的系统性风险最大，农作物系统性风险大小依次为棉花＞小麦＞花生＞玉米。系统性风险较高地区的农作物，发生大灾或巨灾的可能性较大，农业保险经营中面临的赔付系统性风险相对也比较大。

本章小结及建议

本章对河南省四种主要农作物的系统性风险进行了分析，结果表明，河南省农作物系统性风险程度在地市级、县市级水平上都比较高，不同的农作物系统性风险也不同，各县市农作物系统性风险大小排序为棉花＞小麦＞花生＞玉米。

河南省农作物保险以统一的费率，按照"低保障、广覆盖"的原则进行，尽管这种广覆盖在一定程度上能够分散农作物非系统性风险，但是，对于系统性风险，传统的农作物保险无能为力，这使农作物系统性风险成为农业保险健康发展的最大障碍。

有学者曾提出，通过建立全国范围内统一的政策性农业保险公司，并利用政府的行政手段，逐渐建立起半强制保险制度，扩大投保范围，进行降低保险公司面临的系统性风险。这种办法虽然有效，但是，强制性保险有违市场经济契约自由的基本法则。

在上述系统性风险测算及等级划分的基础上，提出以下建议，以期更为有效地化解系统性风险给农业保险经营带来的不利影响。

第一，政府财政补贴应依据区域及作物种类的不同而体现出一定差异。2009 年以来，中央财政对中部、东部、西部及粮食生产基地的农作物保险实施差异化的保费补贴，但对不同作物及以省内不同区域的保费补贴仍缺乏弹性。

　　鉴于系统性风险的区域差异及作物间的差异性，在进一步加大各级政府保费补贴力度的同时，应在各省级区域内不同农作物风险区划与费率分区的基础上，结合系统性风险的等级划分结果采取差异化的补贴政策；市级、县级政府提供的保费补贴可以依据作物种类不同而有所区别；对系统性风险较大的地区和作物，保费补贴力度也应较大，以提高农户的参保积极性。同时，可以借鉴国外的补贴方式，尝试对系统性风险及费率较高地区的农业保险业务进行管理费用、再保险补贴，从供给方面影响农业保险，纠正农业保险的市场失灵现象。

　　第二，开发指数化的农作物保险险种。比如，农作物区域产量保险。指数型保险是基于系统性风险而设计的一种保险产品，能够有效地降低道德风险，减少逆向选择。另外，还可以将降雨量、气温等与区域农作物产量密切相关的天气指数作为赔付标准，这些指数易于观测，不因个人行为而发生改变，赔付不依赖于单个农户产量。指数型保险合同不仅可以节约保险运营成本和管理费用，最重要的是，它具有风险转移优势，可以通过资本市场创新，转移农业保险合同风险，从而可以有效地应对及转移系统性风险。

　　第三，建立有效的巨灾风险基金机制。目前，河南省仅仅将省级财政承担的25%的保费补贴资金拨付到省级保险经办机构，作为巨灾风险准备金，尚没有建立起广泛有效的巨灾风险转移和分散机制。结合本章系统性风险的等级划分结果，巨灾风险基金机制的建立也应能够体现作物系统性风险的区域差异，对于系统性风险较高的地区，应逐渐提高其巨灾风险准备金的拨付比例，提高保险公司应对巨灾风险的能力。

　　第四，本章对河南省各地市、各县市（特别是县级）农作物系统性风险的等级划分对农作物保险的风险分区和费率厘定也具有较大的价值。遗憾的是，本书并没有将这一因素纳入农作物保险的区划工作中，而只是将其作为证实开展保险区域划分及区域产量保险具有意义的一项证据。如何将系统性风险因素纳入农作物保险风险区划与费率分区中，是将来农作物保险区划研究中的另一重要研究方向。

第六章　河南省主要农作物保险风险区划

伴随着农作物保险业务覆盖范围的拓展、保费规模的快速增长，新兴的农作物保险市场在蓬勃发展的同时粗放型经营特征明显，在产品创新、承保、理赔和产品定价等运营环节暴露出了一些问题，如产品种类单一、保障水平低下、承保不够精确、理赔速度慢、保险费率单一、承保风险与价格不一致等。

农作物保险产品的粗放定价导致了农作物保险市场严重的道德风险和逆向选择，在损毁保险公司声誉的同时，也影响了农作物保险的持续发展。而对农作物保险进行科学定价的前提是需要将农作物生产风险划分为不同的风险等级。可见，风险区划是农作物保险费率厘定及费率分区的基础，为农作物保险实现精细化管理和服务提供了必要的技术保障。

农作物保险风险区划，即在依据保险责任与价格相一致的基本原则、农作物生产风险地域分异规律，并在保持行政区界相对完整的情形下，按照区域内相似和空间差异的基本原则，对一定尺度行政区域内的不同农作物面临的自然灾害风险进行评估，进而将风险相一致的行政区域归为一类，风险不同的行政区域从相应类别中剔除出去，从而实现风险区域的划分。

从上述农作物保险风险区划的基本原则中可以得知，农作物保险风险区划的三个基本要素，即不同尺度上的行政单元（省级、地市级、县级等）、不同的农作物以及区域农作物遭受的灾情。这三个要素之间的相互组合，使农作物生产风险因区域、农作物种类甚至熟制的不同而不同，使农作物保险风险区划具备现实可行性。

行政单元是地市级还是县市级区域，关系到数据资料的获取难易度及翔实程度，在一定程度上影响了风险区划时指标体系的确立；不同的农作物意味着其生长期、收获期也不相同，那么遭受的自然灾害种类、灾情的严重程度和频率自然也会有很大区别。农作物保险的风险区划是建立在一定的理论基础上，依据科学的风险识别、分析技术和风险区划技术而开展的，是一项长期复杂的系统工程，需要政府部门[①]、研究机构、保险公司等多方参与，共同协力推进。

本章以河南省为例，根据河南省主要农作物的空间分布特征、自然灾害的时空分布差异状况，并结合相关农作物生产和农业保险经营的资料数据，综合采用因子分析、聚类分析等计量方法，对河南省的四种主要农作物，逐渐由地市级向县市级尺度细化风险等级和区域划分，最终完成了以河南省县市级行政区划为基本空间单元的农作物保险风险区划工作。

第一节　农作物保险风险区划的理论基础

一　灾害系统理论

灾害系统理论将自然灾害造成的灾情界定为特定的孕灾环境中的致灾因子与承灾体相互作用形成的结果。孕灾环境、致灾因子与承灾体缺一不可，孕灾环境相同，致灾因子发生的频率和强度不同，那么同一承灾体发生的损毁程度即灾情的大小也会相差迥异。

这类似于保险经济学中风险因素、风险事故和损失三者之间的关系。孕灾环境、致灾因子的共同作用构成了种类各异的风险因素，风险因素会导致风险事故的发生，或者增加风险事故发生的频率，或者增加灾害事故发生后损失的严重性，可见，风险因素并不必然导致损失的发生。那么损失是否会发生、损失大小的确定还要考量承灾体的状况如何，只有当承灾体最终因致灾因子导致了农作物产量的损失，我们才可以认为风险发生了。自然灾害的系统理论阐明了农作物遭受自然灾害风险的作用机理，也为农作物自然灾害风险的识别与分析提供了科学的方法论。

二　地域分异规律

农作物生产风险面临两个方面的地域性差异因素。一方面，自然灾害的发生本身服从地域分异规律；另一方面，农作物生产的布局依据气候条件、土壤、社会经济条件发展的不同呈现出地区差异，同样，也服

---

① 比如，农业局、林业局、气象局、水利局、财政部门等政府部门。

从地域分异规律。这两者在地域分布上呈现出来的差异及其相互之间的耦合，共同形成了农作物自然灾害的地域分异规律，为农作物自然灾害风险区划提供了可行性与必要性。

三　农作物保险经营原则

(一) 风险汇聚、大数法则

农作物保险作为一种重要的支农政策和农作物生产风险的风险管理手段，其分散风险的基本功能之所以能够正常发挥的前提是承保数量需要满足大数法则的要求。

大数法则的实现本质上就是将众多的风险进行汇聚的过程。风险汇聚是数学中的集合原理在保险领域的一种运用。当风险呈相互独立状态时，保险将众多风险单位进行汇聚的安排可以分散风险，保险风险管理的价值也由此显现出来。

保险学的基本理论使我们得知，风险的汇聚并不能改变每个投保人的期望损失，但却因众多投保单位的汇聚，能够将平均损失的标准差降低，使风险事故发生的损失变得更加容易预测，降低了每个人的风险。

随着汇聚的风险单位逐渐增多，平均损失的标准差会逐渐降低，出现极端损失（非常高的损失或非常低的损失）的概率将不断降低，风险将变得更易预测。

当风险汇聚的人足够多，达到一定的大数，即每个参保者损失的标准差将变得接近零时，每位新加入者的风险可以忽略不计，这就是大数法则在保险领域的体现，是保险经营最重要的数理基础之一。

大数法则的运用使具有偶然性的大量随机现象的发生呈现出一种相对稳定的规律，是一种体现必然性与偶然性之间辩证关系的规律。随机现象的大量重复出现，使偶然性相互抵消而呈现出几乎必然的规律。在保险经营中运用较多的大数法则主要有切贝雪夫大数法则（Chebyshev）、贝努利大数法则和泊松大数法则。

在保险经营中常常假定某一类标的具有相同的损失概率，在这一假定下，切贝雪夫大数法则的数学表达式为：

$$\lim_{n \to \infty} P\left\{ \left| \frac{1}{n} \sum_{k=1}^{n} X_k - \mu \right| < \varepsilon \right\} = 1 \qquad (6.1)$$

该式对任意的 $\varepsilon > 0$ 均成立，X_k 为每个被保险人获得的赔偿金额，μ 为平均每个被保险人实际获得的赔偿金额。

切贝雪夫大数法则说明，当 n 足够大时，平均每个被保险人实际获得的赔偿金额与每个被保险人获得的赔偿金额的期望值之间的差异非常小。即保险人从投保人那里收取的纯保费（不包括保险公司的管理费用、税收和正常利润等）应该等于每个被保险人获得的赔偿金额的期望值。尽管保险人无法事先知晓实际赔偿额的平均值是多少，但其可以根据以前的统计资料估计该损失的平均值。切贝雪夫大数法则是保险公司从投保人那里收取保险费数额的依据，如果参与风险汇聚的风险单位达不到"大数"的要求，保险公司就无法准确确定应该对每个投保人收取多少保险费，保险经营就会失去最基本的精算基础。

贝努利大数法则的数学表达式为：

$$\lim_{n \to \infty} P\left\{ \left| \frac{\theta_n}{n} - P \right| < \varepsilon \right\} = 1 \tag{6.2}$$

该式对任意的 $\varepsilon > 0$ 均成立。前提假设某一事件发生的概率为 P，θ_n 表示该事件在 n 次试验中发生的次数，$\frac{\theta_n}{n}$ 为事件发生的频率。贝努利大数法则是辛钦（Khinchin Aleksandr Yakovlevich）大数法则的一个特例。该法则说明，可以以损失的频率代替损失发生的概率，即在保险经营中，当风险单位相互独立并满足一定的大数要求时，保险公司可以用以往损失数据计算得到的频率推测未来同一损失发生的概率。

泊松大数法则的数学表达式为：

$$\lim_{n \to \infty} P\left\{ \left| \frac{\theta_n}{n} - \frac{p_1 + p_2 + \cdots + p_n}{n} \right| < \varepsilon \right\} = 1 \tag{6.3}$$

该式对任意的 $\varepsilon > 0$ 均成立。θ_n 表示该事件在 n 次试验中发生的次数，$\frac{\theta_n}{n}$ 为事件发生的频率，p_i 为第 i 次试验中特定事件发生的概率。

泊松大数法则的含义为：随着试验的次数无限增加时，损失发生的平均概率与观察结果所得的比率近似相等。尽管相互独立的风险单位的损失概率可能各不相同，但只要标的足够多，仍然可以在平均意义上求出相同的损失概率。

风险汇聚中的参与者达到多少才能够满足大数法则的要求呢？一般而言，需要取决于损失分布曲线的形状，在损失分布的偏性不明显的情况下，大数一般要求参与者大于等于 25。[①]

上述三个大数法则分别从不同的侧重点论证了保险经营中风险汇聚的重要性，注意到这些大数法则均存在一个前提假设，即风险单位必须是相互独立的，这里的大数不仅仅泛指参保个体数多，最重要的是要求参保的风险单位要满足大数法则的要求。因此，在农作物保险的经营中，不能单纯地依靠投保率或者覆盖面的增加来实现对自然灾害风险的分散，而是要对不同的风险单位有所区分，这就涉及农作物保险的风险区划。

（二）风险一致原则

保险是约定被保险人与保险人之间权利和义务关系的一种契约形式，它的体化物为保险单。保险商品的交换具有契约、期限、条件和诺承性，要求购买者对投保标的具有一定的保险利益，通过"买卖保险单"实现商品的交换，被保险人作为保险人的或有债权人直至保险单自然终止或者履约终止，保险责任具有一定的期限性，在商品交易过程中，保险人与被保险人必须遵守最大诚信原则。

保险交易的价格即保险的费率。在保险费率厘定过程中要遵循保险保障与风险相一致的原则，需要针对不同的风险，设计不同的费率，即在保险定价中，保险费率的差异性和定价的歧视性是允许的。

在农作物保险经营中，农作物自然灾害风险存在巨大的地区差异性，从而导致被保险人之间损失的差异。从理论上说，应该根据每个投保农户对农作物的经营管理方式、地块土壤类型、农作物类型、熟制、地块大小、当地气候、自然灾害发生频率、严重程度等因素对每个被保险人分别收取保险费，才能够保证保险人的收支相等。但是，这种做法对农作物历史产量数据、自然灾害状况、农业技术知识及农户资料要求严格，在实际中往往并不可行，高昂的承保理赔成本也将会阻碍其有效实施。

因此，在对农作物保险进行费率厘定，体现对价交换原则的同时，要对农作物风险区域进行划分，使处于一个风险区域内的农作物风险类型大致相同，进而可以依据大数法则计算出农作物产量损失的平均损失率即费率。可见，风险的区划是农作物保险费率厘定的前提。

四　农作物保险风险区划的基本原则

农作物保险风险区划是以农业生产区划为基础的，在对农业保险标

---

① 霍萨克等：《非寿险精算基础》，王育宪等译，中国金融出版社 1992 年版，第 83 页。

的即农作物的风险特点进行调查和分析的基础上，遵循保险经营的原则和农业生产、风险的地域分异规律进行的。

（一）依据不同农作物进行区划

农作物保险风险区划对象是农作物，在进行区划时，要明确研究的对象是哪一类农作物，该种农作物在目标区域的生产布局如何，适宜其生长的区域有哪些。对主要种植地区进行有效的筛选，才能保证最终的区域划分是有意义的。

（二）综合性与主导因素原则

农作物生长过程中受多种因素的影响，如干旱、雨涝、病虫害、土质状况、农户对农业的管理状况等众多因素相互交织，共同影响农作物生产。因此，在对区划指标选取时，需要充分考虑区域内自然灾害的发生发展、空间分布，农作物受区域内环境条件的控制和自然灾害类型的影响所形成的复杂体系。

与此同时，也要特别关注发生频率高、损害程度大、对该区域农作物生产影响深远的主要灾害类型。由于自然灾害对农作物的影响最终会反映在产量的变化上，因此，在风险分区时，围绕农作物产量构建相关主导指标，能够反映某些不能用具体指标衡量的风险因素对农作物的影响。

（三）保持行政区域界限相对完整性的原则

农作物保险风险区划的区域单元大多以农业生产或者行政区域的划分为前提，需要按照区域内相似、区域间差异的原则研究各区域的自然、经济和农作物风险特点。农作物保险风险区划是为了更有效地发展农业保险而服务的。区域划分需要的历史数据、资料多以行政区域进行收集统计，这使区域划分的结果将一个大区域分割成以若干个较小的行政区域组成的风险单元。

第二节　聚类分析和因子分析

一　聚类分析

聚类分析是研究分类问题的一种多元统计方法，在生物学、经济学、人口学、生态学、电子商务等很多方面有着非常广泛的应用。根据分类对象的不同，分为 Q 型和 R 型聚类，Q 型聚类是对样品进行聚类，R 型聚类是对变量进行聚类。

聚类分析按照一定规则将研究对象分成若干类。在同一类中的这些对象彼此之间存在某种相似，而在不同类中的对象在一定的规则下存在不同。聚类分析包括系统聚类、K—均值聚类和模糊 C—均值聚类，本章主要采用系统聚类，因此主要介绍系统聚类法。

系统聚类的基本过程是：依据样品之间距离及类间距离的定义，将最开始时的 n 个样品分别作为一个类别，逐渐将距离较近的类合并在一起，作为新的类，重复上述过程，每次减少一个类别，最终所有的样品会归为一类。最后形成一个聚类树形图，从而得到最终的分类个数以及每个类别中所含的样品，另外还可以统计量辅助确定分类结果。

类与类之间不同的距离计算方式，产生了不同的系统聚类方法，主要有最短距离法、最长距离法、中间距离法、重心法、类平均法、离差平方和方法（Ward 法）、可变法和可变类平均法八种常用的系统聚类方法。

二　因子分析

因子分析也是降维思想的一种运用，可以将其视为主成分分析的深化和拓展，相对于主成分分析，因子分析对分类对象的研究更加深入、细致。因子分析的基本原理是将具有一定相关关系的多个原始变量综合为数量较少的几个因子，从而研究一组具有错综复杂关系的实测指标是如何受少数几个内在的独立因子所支配的，是处理降维问题的一种常用的统计方法。

因子分析模型的具体表述如下：

设 p 维总体 $x = (x_1, x_2, \cdots, x_p)'$ 的均值为 $\mu = (\mu_1, \mu_2, \cdots, \mu_p)'$，协方差矩阵为 $\sum = (\sigma_{ij})_{p \times p}$，相关系数矩阵为 $R = (\rho_{ij})_{p \times p}$，则因子分析的一般模型为：

$$\begin{cases} x_1 = \mu_1 + \alpha_{11}f_1 + \alpha_{12}f_2 + \cdots + \alpha_{1m}f_m + \varepsilon_1 \\ x_2 = \mu_2 + \alpha_{21}f_1 + \alpha_{22}f_2 + \cdots + \alpha_{2m}f_m + \varepsilon_2 \\ \cdots \\ x_p = \mu_p + \alpha_{p1}f_1 + \alpha_{p2}f_2 + \cdots + \alpha_{pm}f_m + \varepsilon_p \end{cases} \tag{6.4}$$

式中，$f_1, f_2, \cdots, f_m$ 为 m 个公共因子，ε_i 是变量 $x_i (i = 1, 2, \cdots,$

p），所独有的特殊因子，它们均为不可观测的隐变量。称 α_{ij}（$i=1$，2，$\cdots$，p；$j=1$，2，$\cdots$，m），为变量 x_i 在公共因子 f_i 上的载荷，反映了公共因子对变量的解释程度，可以作为公共因子命名的依据。

因子分析模型满足的三个假定：

（1）公共因子彼此不相关，且具有单位方差，即 $E(f) = 0_{m \times 1}$，$Var(f) = I_{m \times m}$；

（2）特殊因子彼此不相关，即 $E(\varepsilon) = 0_{p \times 1}$，$Var(\varepsilon) = D = diag(\sigma_1^2$，$\sigma_2^2$，$\cdots$，$\sigma_p^2)$；

（3）公共因子和特殊因子彼此不相关，即 $Cov(f, \varepsilon) = 0_{m \times p}$。

第三节　河南省农作物保险风险区域划分指标体系构建

本章的农作物保险风险区划过程可以分为两个步骤，以河南省四种主要的农作物小麦、玉米、棉花和花生为研究对象，基于河南省18个地市①的四种农作物生产风险的区划结果，以及对不同风险等级内的河南省18个地市所辖县市的农作物生产风险进一步区划。

因此，本书对农作物保险风险区划指标体系的构建是依据不同行政单元分别构建指标框架的原则进行的，对地市级和县级两个行政级别农作物风险区划的指标也有所不同。

本章以小麦为例进行了具体说明，其他三种农作物地市级、县级尺度上指标的选取与此类似。在对县级四种农作物进行风险等级划分时，所涵盖的县市个数不同，对小麦进行等级划分的县市有106个、对玉米进行等级划分的县市数有99个、对棉花进行等级划分的县市数有59个、对花生进行等级划分的县数有86个。

一　地市级水平风险区划指标（以小麦为例）

与小麦单产相关的指标有单产的相对水平、单产平均减产率、单产

① 由于济源市农作物播种面积和单产数据自1996年起有记录，并且，济源市农作物播种面积占河南省农作物播种面积比值较小，相对于其他各地市而言差距悬殊，为避免将济源市加入聚类分析过程对其他各地市聚类结果形成偏误，所以，未将济源市列入河南省地各市农作物生产风险区划过程中。

减产率的标准差、单产减产率小于 – 10% 的年份比重，与农作物面积相关的指标是规模指数、农作物成灾面积比重以及反映农田水利设施的平均有效灌溉面积、平均机电灌溉面积和平均旱涝保收面积，以及依据各市的农业保险经营数据构建的农业保险平均赔付率指标。

指标的具体构造和说明如下：

参照梁来存（2010）对粮食单产时间序列的分解方法，将小麦单产序列可分解为：

$$Y_{it} = \hat{Y}_{it} + e_{it} \tag{6.5}$$

其中，Y_{it} 表示小麦单产，$\hat{Y}_{it}$ 为小麦趋势单产，即仅考虑农业生产技术条件影响下理想产量。e_{it} 为自然风险单产，$e_{it} = Y_{it} - \hat{Y}_{it}$。令 $X_{it} = e_{it}/\hat{Y}_{it}$，得到相对自然风险单产，表示实际小麦单产偏离趋势单产的波动幅度。

（一）单产的相对水平

单产的相对水平 $E_i = U_i/U_0$，式中，U_i 表示第 i 个地市小麦 n 年的平均单产，U_0 表示河南省小麦 n 年平均单产。$E_i > 1$ 则表示与河南省小麦平均生产水平相比，i 地市的小麦具有相对优势，遭受同等程度自然灾害时单产下降的空间会更大，风险相对较大。

（二）单产平均减产率

单产平均减产率 $\overline{X}_i$，为各地市小麦减产率面积的加权平均。

$$\overline{X}_i = \sum_{t=1}^{n} X_{it} S_{it} \bigg/ \sum_{t=1}^{n} S_{it}$$

式中，$X_{it} \leq 0$。

（三）单产减产率的标准差

单产减产率的标准差 S_i：

$$S_i = \sqrt{\sum_{t=1}^{n} (X_{it} - \overline{X})^2 S_{it} \bigg/ \sum_{t=1}^{n} S_{it}} \tag{6.6}$$

S_i 越大，则单产减产率的波动幅度越大，该地市小麦发生重大灾害的可能性越大，小麦生产越不稳定。

（四）单产减产率小于 – 10% 的年份比重

单产减产率小于 – 10% 的年份比重 k/n，指 n 年中小麦单产减产率小于 – 10% 的年份数占比，比重越大，则该其地市小麦生产的风险越大。

（五）规模指数

规模指数 C_i，$C_i = d_i/d_0$，式中，d_i 表示第 i 个地市 n 年小麦播种面积与该地市所有农作物播种面积的比值，d_0表示河南省 n 年小麦播种面积与该省所有农作物播种面积的比值，$C_i > 1$，表示与河南省平均小麦种植面积水平相比，第 i 个地市的小麦种植规模较大，相应的生产风险较大。

（六）农作物成灾面积比重

农作物成灾面积比重 V_i，表示各地市农作物成灾面积与农作物受灾面积的比值，比值越大，表明该地区成灾率越大，小麦生产风险越大。

（七）平均有效灌溉面积、平均机电灌溉面积和平均旱涝保收面积

平均有效灌溉面积 W_i、平均机电灌溉面积 Z_i、平均旱涝保收面积 M_i，分别表示各地市农作物 n 年有效灌溉面积的平均值，机电灌溉面积的平均值和旱涝保收面积的平均值，这三个指标构成的指标子系统是对各市农田水利条件的综合评价，当地水利设施条件好，则农作物抵御自然灾害的水平较高。

（八）农业保险平均赔付率

农业保险平均赔付率 F_i，选取反映各地市农业保险经营状况的农业保险平均赔付率数据，由于农业保险保费收入中农作物保险的保费收入占据了较大份额，因此，农业保险赔付率在一定程度上反映了当地的农作物保险经营状况及风险状况。

由于对地市级层次小麦生产风险区划时所选用的指标体系较多，指标之间可能存在较大的相关性，有必要首先对这些指标进行降维处理，将其归纳为少数互不相关的公共因子，在此基础上，再进行聚类分析。

二 县级水平风险区划指标（以小麦为例）

县域风险区划指标与市级层面区划指标在保持一致性的同时，也需要能够凸显出不同县市生产风险的差异。

结合河南省所处的地理位置、气候状况以及小麦生长期、收获期，发现干旱、雨涝、冰雹、大风、龙卷风、干热风、霜冻、病虫害、雪灾等自然灾害严重影响河南省各县小麦生产，统计各县市上述各类自然灾害发生的频次，构建了自然灾害对小麦生产影响年平均次数即频率

指标。[1]

以县域小麦单产、小麦播种面积和主要农作物播种面积以及河南省小麦单产、小麦播种面积和主要农作物播种面积构建县域小麦单产的相对水平、小麦单产平均减产率、小麦单产减产率的标准差、小麦单产减产率小于－10%的年份比重和规模指数五个指标，结合自然灾害对小麦生产影响频率指标，对相应风险等级内的县域进行风险区域划分。

自然灾害中的干旱、雨涝、冰雹、大风、龙卷风、干热风、霜冻、病虫害、雪灾和雨凇灾害对小麦生产影响较大，结合前文关于河南省各县市自然灾害的时空分布特征，将这几种自然灾害对各县小麦生产的年平均次数作为自然灾害对小麦生产影响频率的指标纳入县域小麦生产风险区划指标体系，用 f 表示。在区划时分别剔除了数据不完整的沁阳市和小麦种植面积相对很小的遂平县。

第四节　小麦地市级、县级风险区划

一　因子分析

对小麦生产风险进行地市级风险区划时采用聚类与因子分析相结合的方法，首先对选取的小麦生产风险的指标体系进行因子分析，在此基础上利用能够反映大多数变量的各公共因子进行聚类分析，从而得到小麦各地市风险区划结果。

（一）在对原始变量进行相关的分析之前，需要对原始数据进行标准化处理，标准化处理的方法为标准差标准化方法（Z－Score）

SPSS 统计分析软件提供了几种判定数据是否适合做因子分析的检验方法，这里主要采取巴特莱特检验和 KMO（Kaiser－Meyer－Olkin）检验。巴特莱特检验的原假设为原始变量两两之间互不相关，若巴特莱特统计量对应的相伴概率值小于指定的显著性水平，则认为原始变量之间存在相关性，可以做因子分析。

---

[1]　由于《中国气象灾害大典》（河南卷）中关于上述灾害项的统计以事件记载为主，所以，只能得到相应灾害对农业生产产生严重影响的频次，而无法得到县级区域作物经济损失程度或者受灾面积的指标。

KMO 统计量用于比较变量之间的简单相关和偏相关系数，变量间的简单相关系数平方和越大，KMO 值越接近 1，原始变量越适合做因子分析。Kaiser 曾给出了判定变量是否适合做因子分析的 KMO 检验标准：KMO > 0.9，非常适合；0.8 < KMO < 0.9，适合；0.7 < KMO < 0.8，一般；0.6 < KMO < 0.7，不太适合；KMO < 0.5，不适合。

对河南省各地市小麦生产风险区划 10 个指标的因子分析适合性检验结果为：KMO 值为 0.707，巴特莱特的相伴概率为 0.000，该检验结果表明，河南省各地市小麦风险区划指标适合做因子分析，应该在聚类分析之前先采用因子分析对 10 个指标进行降维处理，将其简化成数量较少且能反映原始指标大部分信息的公共因子。

（二）因子个数选择和命名

选用基于主成分模型的主成分分析法进行因子分析。公共因子个数的确定准则：根据取值大于 1 的特征值或者根据因子累计方差贡献率达 85%—95% 的特征值所对应的第一、第二……第 m 个主成分（其中 m 小于原始变量个数），本章主要参照累计方差贡献率来选定因子个数。

因子的命名主要依据载荷矩阵中反映的因子变量与原始变量之间的关系，对新的因子变量进行命名。载荷矩阵中某一列表示某一个因子变量能够解释的原有变量的信息量，有时候需要通过因子旋转方法使因子变量更加具有可解释性。因子旋转的方法主要有正交旋转和斜交旋转。

本书使用最为常用的方差最大正交旋转方法，该方法在保持原公共因子的正交性及公共方差总和不变的基础上，使公共因子的相对负荷的方差之和最大，从而使每个因子上具有最大载荷的变量数最小，以便于对因子进行解释和命名。

表 6 - 1　　　　因子载荷矩阵、方差贡献率（河南省地市级小麦）

变量名称	因子 1	因子 2	因子 3	因子 4	因子 5
单产平均减产率	0.909	- 0.163	- 0.229	0.042	- 0.245
单产减产率的标准差	- 0.873	0.342	0.110	- 0.088	0.159
单产减产率小于 - 10% 的年份比重	- 0.857	0.272	0.285	- 0.119	0.209
单产相对水平	0.822	- 0.212	0.257	- 0.099	0.187

续表

变量名称	因子1	因子2	因子3	因子4	因子5
成灾面积/受灾面积	− 0.621	0.275	0.230	0.453	− 0.500
有效灌溉面积	0.407	0.893	− 0.083	0.129	0.045
旱涝保收面积	0.428	0.881	− 0.029	0.143	0.099
机电灌溉面积	0.604	0.678	0.327	0.142	0.144
生产规模的相对水平	0.415	− 0.413	0.782	− 0.020	− 0.106
平均赔付率（%）	− 0.070	− 0.637	− 0.062	0.663	0.380
方差贡献率（%）	42.743	29.479	9.952	7.352	6.025
累计方差贡献率（%）	42.743	72.222	82.174	89.526	95.551

资料来源：此表由 SPSS 结果汇总得到。

　　为使各因子对原始变量的解释性更加清晰明了，采用方差最大正交旋转方法对因子载荷矩阵进行正交旋转，得到表 6 − 2。

表 6 − 2　　　　　　　　旋转后的因子载荷矩阵、方差贡献率

变量名称	因子1	因子2	因子3	因子4	因子5
单产平均减产率	− 0.940	0.175	0.108	− 0.181	− 0.036
单产减产率的标准差	0.891	− 0.057	− 0.239	0.224	− 0.097
单产减产率小于 − 10% 的年份比重	0.943	− 0.075	− 0.050	0.149	− 0.074
单产相对水平	− 0.495	0.162	0.357	− 0.302	0.037
成灾面积/受灾面积	0.367	0.005	− 0.045	0.918	− 0.002
有效灌溉面积	− 0.096	0.950	− 0.191	0.031	− 0.199
旱涝保收面积	− 0.077	0.969	− 0.140	0.004	− 0.158
机电灌溉面积	− 0.130	0.925	0.268	− 0.068	− 0.084
生产规模的相对水平	− 0.205	− 0.096	0.961	− 0.040	0.047
平均赔付率（%）	− 0.081	− 0.316	0.046	− 0.004	0.944
方差贡献率（%）	30.284	28.713	12.541	10.468	9.821
累计方差贡献率（%）	30.284	58.997	71.537	82.005	91.827

　　从表 6 − 2 中可以看出，上述 5 个因子的累计方差贡献率达 91.827%，反映了原始变量的大部分信息，根据因子载荷矩阵中各因子对原始变量的解释程度，将这 5 个因子分别命名为产量波动因子、水利

条件因子、生产规模因子、灾情因子以及赔付风险因子。

因子 1 在单产减产率小于 −10% 的年份比重、单产平均减产率、单产减产率的标准差及单产相对水平 4 个原始变量上的载荷较大，这几个指标均可以衡量产量波动风险的大小，因此，因子 1 被命名为产量波动因子。

因子 2 在旱涝保收面积、有效灌溉面积和机电灌溉面积 3 个指标上的载荷较大，这几个指标反映了不同地市水利设施状况，故称其为水利条件因子。

因子 3 在生产规模的相对水平指标上载荷最大，该指标衡量地区小麦种植的规模即专业化程度，因此该指标命名为生产规模因子。

因子 4 在成灾面积／受灾面积比重上具有较大载荷，将其命名为灾情因子，是对地区灾情的一个综合度量。

因子 5 在平均赔付率上载荷较大，反映农业保险赔付状况大小，从保险公司经营角度反映了农业生产风险的大小，因此将其命名为赔付风险因子。

(三) 各地市小麦生产风险因子的得分

因子变量确定以后，对于每一个地区，在不同的因子上会有不同的数据，即因子得分。估计因子得分的方法主要有回归法和巴特莱特检验等。回归法是根据贝叶斯思想推导出来的，得到的因子得分是有偏的，但是，计算结果的误差较小；巴特莱特检验是由极大似然法估计得出，误差较大，不过得到的因子得分是无偏的。

本书采用回归法计算因子得分，得到各地市小麦生产风险的 5 个因子得分（见表 6-3）。

表 6-3　　　　河南省各地市小麦生产风险五个因子的得分

地区	产量波动因子	水利条件因子	生产规模因子	灾情因子	赔付风险因子
安阳市	−1.12272	−0.15636	0.60326	−1.6111	−1.15815
鹤壁市	−0.19268	−1.3644	1.34923	0.29707	−0.71327
焦作市	−0.54693	−0.58713	−0.1233	−1.20496	1.29345
开封市	−1.43856	0.35007	−0.05577	1.14084	0.64058
洛阳市	1.77616	−0.71296	0.32305	0.24939	0.15069

续表

地区	产量波动因子	水利条件因子	生产规模因子	灾情因子	赔付风险因子
漯河市	0.48119	− 0.63266	− 0.66883	− 0.05831	1.6113
南阳市	− 0.17959	0.6831	− 0.84864	0.44213	0.50904
平顶山市	− 0.52759	− 0.34985	− 0.02349	− 0.38391	1.59265
濮阳市	− 1.2823	− 0.62949	0.75905	1.88145	− 1.28814
三门峡市	2.13183	− 1.31534	0.47815	0.48629	− 0.19606
商丘市	1.02928	2.11464	0.68619	− 0.85483	− 0.08763
新乡市	− 0.7035	0.90218	0.78112	0.38118	1.21129
信阳市	0.15285	0.04831	− 3.16945	0.63631	− 1.02909
许昌市	− 0.37541	− 0.595	− 0.5487	− 2.20644	− 1.18563
郑州市	− 0.2791	− 0.51222	− 0.23034	0.19778	− 0.11865
周口市	0.34961	1.77701	0.30854	0.25298	− 0.96338
驻马店市	0.72744	0.98009	0.37995	0.35414	− 0.26897

二　聚类分析

利用表 6 - 3 中的 5 个因子的因子得分，对河南省各地市小麦生产风险进行风险区划，并对各地市聚类得到的 5 个风险等级中的市辖县市继续进行聚类分析，县域水平小麦生产风险指标的选取已在指标体系构建处进行了具体描述与说明。

为得到较好的聚类效果，本书采用了四种常见的聚类方法分别对各市、各风险类别县进行风险等级划分，通过比较分析，选定最合适的聚类方法下的聚类结果。

表 6 - 4 中为各次聚类中不同系统聚类方法的 Cophenet 相关系数，Cophenet 相关系数反映了聚类效果的好坏，该系数值越接近于 1，说明聚类效果越好。通过比较各地市级、各类别县四种聚类分析方法的 Cophenet 相关系数后发现，类平均法的 Cophenet 相关系数较大，因此选择类平均法的结果。

表6-4　　　　　　　　　　　　　聚类方法选择

聚类方法	各地市聚类	第一类别县	第二类别县	第三类别县	第四类别县	第五类别县
类平均法	0.8020	0.8615	0.9001	0.7439	0.8705	0.9465
最长距离法	0.7314	0.7021	0.8253	0.6866	0.8642	0.8708
离差平方和法	0.6894	0.8507	0.8206	0.6233	0.8561	0.8653
可变类平均法	0.7957	0.8610	0.8997	0.7313	0.8702	0.9431

河南省各地市小麦生产风险的聚类结果树形如图6-1所示。

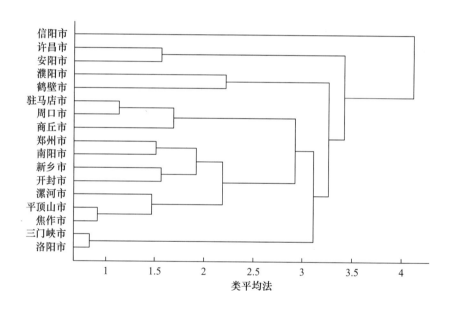

图6-1　河南省各地市小麦生产风险聚类树形

从图6-1中可以看出，将河南省各地市的小麦生产风险划分为5个等级较为适宜，分别用Ⅰ、Ⅱ、Ⅲ、Ⅳ、Ⅴ表示5个风险等级①，数字越大表明风险越大，具体的风险等级划分结果呈现在表6-5中。

————————

① 此处风险等级的数字表示形式与第五章中系统性风险的等级划分有所不同，第五章中的数字越大，表示的风险等级越小。

表6-5　　　　　河南省各地市小麦生产风险等级划分与平均纯费率

风险等级	地区	小麦保险平均纯费率（%）
Ⅰ	安阳市、许昌市	3.2
Ⅱ	鹤壁市、濮阳市	3.24
Ⅲ	周口市、驻马店市、商丘市、南阳市、开封市、漯河市、焦作市、新乡市、郑州市、平顶山市	3.76
Ⅳ	信阳市	4.63
Ⅴ	洛阳市、三门峡市	6.365

从表6-5中可知，河南省小麦生产风险大多处于中等风险水平，结合风险等级划分结果和各地市小麦生产风险5个因子的得分，可以得知，洛阳市和三门峡市为小麦生产高风险区，而安阳市、许昌市为小麦生产低风险区，且不同风险等级之间的平均纯费率差异较大。而现行的单一费率的制度设计不能真实地反映区域间风险的差异，可见，区域差别化费率的实施是有必要的。表6-5及本章其他表中的纯费率的具体计算方法将在本书第七章中详细介绍。

接下来，继续使用系统聚类方法分别对处于5个风险等级中相应地市辖区内的各县市再次进行聚类分析，分别用第一类别县、第二类别县、第三类别县、第四类别县、第五类别县表示表6-4中5个风险等级中的各县市。

通过这一层级的聚类分析，完成了河南省各县市小麦保险的风险区域划分工作，聚类分析结果见表6-6、表6-7、表6-8、表6-9和表6-10。从划分结果看，河南省小麦生产风险经过两个层级的聚类分析，达到了较为细致分区的目的，并为第七章节费率分区提供了依据。

将第一类别县里的10个县市的小麦生产风险划分为3个风险等级如表6-6所示。

表6-6　　　　　河南省小麦生产风险第一类别县等级划分结果

风险等级	地区	小麦保险平均纯费率（%）
Ⅰ	安阳县、汤阴县、滑县、内黄县	3.008
Ⅱ	许昌县、鄢陵县、襄城县、长葛县	3.637
Ⅲ	林县、禹州市	4.601

将第二类别县里的 7 个县市的小麦生产风险划分为 3 个风险等级如表 6 - 7 所示。

表 6 - 7　　　　　河南省小麦生产风险第二类别县等级划分结果

风险等级	地区	小麦保险平均纯费率（%）
I	清丰县、南乐县、范县	2.895
II	淇县、濮阳县、台前县	3.491
III	浚县	3.777

将第三类别县里的 72 个县市的小麦生产风险划分为 5 个风险等级如表 6 - 8 所示。

表 6 - 8　　　　　河南省小麦生产风险第三类别县等级划分结果

风险等级	地区	小麦保险平均纯费率（%）
I	中牟县	3.131
II	修武县、博爱县、武陟县、温县、孟县、杞县、通许县、尉氏县、开封县、兰考县、镇平县、唐河县、邓州市、宝丰县、叶县、郏县、舞钢市、新乡县、获嘉县、原阳县、延津县、封丘县、长垣县、卫辉市、辉县市、荥阳市、新郑市、扶沟县、西华县、商水县、沈丘县、郸城县、淮阳县、太康县、鹿邑县、项城市、西平县、上蔡县、平舆县、汝南县、新蔡县	3.744
III	舞阳县、民权县、睢县、宁陵县、柘城县、虞城县、夏邑县、永城县	4.887
IV	泌阳县、临颍县、南召县、方城县、西峡县、内乡县、淅川县、社旗县、新野县、桐柏县、鲁山县、汝州市、灵宝县、卢氏县、正阳县、确山县	4.916
V	义马市、渑池县、陕县、巩义市、新密市、登封市	8.224

将第四类别县里的 8 个县市的小麦生产风险划分为 3 个风险等级如表 6 - 9 所示。

表 6 - 9　　　　河南省小麦生产风险第四类别县等级划分结果

风险等级	地区	小麦保险平均纯费率（%）
I	光山县、新县	4.215
II	罗山县、商城县、固始县、潢川县	4.356
III	淮滨县、息县	5.388

将第五类别县里的 9 个县市的小麦生产风险划分为 3 个风险等级如表 6 - 10 所示。

表 6 - 10　　　　河南省小麦生产风险第五类别县等级划分结果

风险等级	地区	小麦保险平均纯费率（%）
I	偃师县	2.521
II	孟津县	6.644
III	新安县、栾川县、嵩县、汝阳县、宜阳县、洛宁县、伊川县	8.594

经过因子分析和多次聚类分析，将河南省各县级尺度上的小麦生产风险划分为 17 个风险区域，结合各县市水平上小麦生产风险的指标，可以得出如下结论：

河南省小麦生产风险水平最低的县域为偃师县，小麦保险纯费率为 2.521%；小麦生产风险水平最高的地区为新安县、嵩县、栾川县、汝阳县、宜阳县、洛宁县和伊川县，其平均纯费率为 8.594%。小麦生产风险较高的地区出现在了各地市划分中的最高风险等级内，但是，生产风险最低的县也出现在各地市划分结果中的最高风险等级内。

上述结果说明，尽管地市级别的风险区划指标较多，但区划结果比较粗糙，若直接利用地市级别的区划结果进行小麦保险的年均纯费率厘定和经营缺乏科学性，而经过两个层级聚类分析的设计使风险区划的结果相对更为细致。

对比河南省统一的 6% 的费率水平及仅能覆盖小麦种植部分物化成本

的保障水平,单一费率的设计和过低的保障水平会影响农户的参保积极性,不利于小麦保险的经营。另外,从费率计算的结果看,基本遵循了风险等级较高的区域,相应的平均纯费率也有较大的规律性,但也出现了一些特殊状况,比如,在各地市划分的较高的风险等级内也出现了较低的费率。

此外,从上述几个表中还发现了一些现象。经过第二阶段的聚类分析,一个地市有可能被划分为两个或者更多的风险区域,如许昌市辖区内的许昌县、鄢陵县、襄城县与长葛县归属一个风险区域,而禹州市单独归属另外一个风险区域。

另外,也出现了几个地市内若干县归属一个风险区域的情形,如第二类别县的小麦生产风险区划结果中第Ⅱ风险等级内就涵盖了焦作市、开封市、南阳市、新乡市、郑州市、周口市、商丘市、平顶山市、驻马店市内的若干县市,而且这些县市有些在行政区域上相邻,有些则相距甚远。

如果直接依据各县市小麦风险区划结果内的各区域的平均纯费率设计区域产量保险合同,开展区域产量保险业务显然会面临不少问题,为便于业务的开展,有必要在风险区划结果上,结合行政区域划分,在保持风险基本一致的情况下,尽量保证行政区域的完整性。如对鹤壁市、漯河市分别仅包括两个县的地市而言,再对其进行费率分区,制定差异费率,则不利于农户投保积极性的提高,而这些地区以地市级行政单元为单位,实施同一费率较为恰当。在第七章对各农作物的费率分区工作也主要是依据该原则而展开的。上述小麦风险区划中出现的现象在玉米、棉花和花生农作物中也普遍存在,下面不再重复。

第五节 玉米地市级、县级风险区划

一 因子分析

首先对河南省各地市玉米生产风险指标进行因子分析,因子分析检验结果为:KMO 值为 0.697,巴特莱特相伴概率为 0.000,检验结果表明,河南省各地市玉米生产风险指标体系进行因子分析是可行的,公共因子能够解释原始变量的大部分信息。

表6-11 因子载荷矩阵、方差贡献率（河南省各地市玉米）

变量名称	因子1	因子2	因子3	因子4	因子5
单产平均减产率	-0.878	0.328	-0.073	-0.235	0.189
单产减产率的标准差	0.907	-0.137	0.131	0.259	-0.119
单产减产率小于-10%的年份比重	0.614	-0.637	0.091	0.3	0.053
单产相对水平	-0.664	0.526	0.039	0.276	-0.125
成灾面积/受灾面积	0.611	-0.533	0.121	-0.282	0.399
有效灌溉面积	0.639	0.741	0.101	-0.085	-0.027
旱涝保收面积	0.602	0.77	0.152	-0.066	-0.005
机电灌溉面积	0.354	0.83	0.294	0.085	0.238
生产规模的相对水平	-0.791	-0.083	0.251	0.397	0.331
平均赔付率（%）	-0.485	-0.376	0.72	-0.224	-0.234
方差贡献率（%）	45.408	30.73	7.479	5.947	4.493
累计方差贡献率（%）	45.408	76.139	83.617	89.565	94.058

表6-12 旋转后的因子载荷矩阵、方差贡献率（河南省各地市玉米）

变量名称	因子1	因子2	因子3	因子4	因子5
单产平均减产率	-0.097	-0.91	-0.184	0.089	0.24
单产减产率的标准差	0.281	0.896	0.202	-0.124	-0.16
单产减产率小于-10%的年份比重	-0.186	0.689	0.28	-0.02	-0.03
单产相对水平	0.076	-0.413	-0.317	0.04	0.197
成灾面积/受灾面积	-0.068	0.373	0.871	0.01	-0.146
有效灌溉面积	0.922	0.142	-0.032	-0.186	-0.27
旱涝保收面积	0.944	0.134	-0.032	-0.155	-0.213
机电灌溉面积	0.957	-0.013	-0.022	-0.104	0.101
生产规模的相对水平	-0.285	-0.325	-0.169	0.196	0.843
平均赔付率（%）	-0.279	-0.12	0.004	0.942	0.142
方差贡献率（%）	29.48	25.727	10.44	10.196	10.029
累计方差贡献率（%）	29.48	55.207	65.647	75.843	85.872

从上述表 6 – 11 和表 6 – 12 中可以看出，前 5 个因子的累计方差贡献率达到 85.872%，选用这 5 个因子作为原始变量的替代是可行的。遵照小麦地市级生产风险区划中各因子命名的规则，将因子 1 命名为产量波动因子，因子 2 为水利条件因子，因子 3 为赔付风险因子，因子 4 为生产规模因子，因子 5 为灾情因子。利用回归法计算得到各地市 5 个因子的得分表，利用这 5 个因子的得分，进行聚类分析。

表 6 – 13　　　　　　　　河南省各地市玉米五个因子得分

地区	产量波动因子	水利条件因子	赔付风险因子	生产规模因子	灾情因子
安阳市	– 0.03544	– 1.55641	– 1.32263	– 1.18263	– 0.10719
鹤壁市	– 1.18143	0.08074	0.58686	– 0.80086	1.66278
焦作市	– 0.4395	– 0.00588	– 1.15453	1.30968	0.53777
开封市	0.32893	0.391	0.51152	0.95511	– 1.33921
洛阳市	– 0.76401	– 0.44051	0.86867	– 0.09196	0.58663
漯河市	– 0.64339	0.76119	– 0.32099	1.65723	0.12075
南阳市	0.66212	– 0.99524	0.40986	0.57238	– 1.51188
平顶山市	– 0.35427	0.16497	– 0.65913	1.5867	0.62279
濮阳市	– 0.49091	– 0.5843	1.93745	– 1.14153	– 0.42305
三门峡市	– 1.67995	1.23756	0.4683	– 0.21603	– 0.09226
商丘市	1.91286	0.78537	– 0.45054	– 0.2787	0.54807
新乡市	1.1049	– 1.72858	0.95329	1.12061	– 0.09757
信阳市	– 0.37282	1.45123	– 0.08809	– 0.79315	– 2.33135
许昌市	– 0.52926	– 0.71352	– 2.36101	– 1.12218	– 0.53769
郑州市	– 0.30082	– 1.02859	0.40046	– 0.2547	0.74197
周口市	1.84694	0.86941	0.11088	– 0.99524	0.69756
驻马店市	0.93605	1.31155	0.10965	– 0.32473	0.92188

二　聚类分析

同样，通过比较分析法选定最适合的聚类方法，并得出相应的聚类分析结果（见表 6 – 14）。

表 6 - 14   聚类方法选择

聚类方法	各地市聚类	第一类别县	第二类别县	第三类别县	第四类别县	第五类别县
类平均法	0.8187	0.8294	0.7400	0.6946	0.9289	0.9201
最长距离法	0.7437	0.7924	0.5539	0.6981	0.8255	0.9201
离差平方和法	0.7341	0.8193	0.6039	0.6783	0.6928	0.9201
可变类平均法	0.8046	0.8273	0.6471	0.6686	0.9223	0.9201

对河南省各地市玉米生产风险的等级划分如表 6 - 15 所示。

表 6 - 15   河南省各地市玉米生产风险聚类结果

风险等级	地区	玉米保险平均纯费率（%）
Ⅰ	安阳市、许昌市	2.548
Ⅱ	焦作市、开封市、漯河市、南阳市、平顶山市、新乡市	3.827
Ⅲ	鹤壁市、洛阳市、濮阳市、三门峡市、郑州市	4.542
Ⅳ	商丘市、周口市、驻马店市	6.338
Ⅴ	信阳市	8.628

从区划结果可知，在河南省各地市中，安阳市和许昌市的玉米生产风险最低，信阳市的玉米生产风险最高，5 个风险等级的玉米平均纯费相差近 6.1 个百分点，可见，河南省各地市玉米生产风险差异较大，采用同一费率的经营必定会导致道德风险和逆向选择问题的产生。

为了得到更加细致的玉米生产风险分区，在上述等级划分的结果上，再采用聚类分析方法，对河南省县级尺度上的玉米生产风险进行风险划分。用第一类别县、第二类别县、第三类别县、第四类别县和第五类别县表示表 6 - 15 中 5 个风险等级中的各县及县级市。

以县域玉米单产、玉米播种面积和主要农作物播种面积以及河南省玉米单产、玉米播种面积和主要农作物播种面积构建县域玉米单产的相对水平、玉米单产平均减产率、玉米单产减产率的标准差、玉米单产减产率小于 -10% 的年份比重和规模指数 5 个主导指标，结合自然灾害对玉米生产影响频率指标，对相应风险等级内的县域进行风险区域划分。自然灾害中干旱、雨涝、大风、龙卷风、冰雹和病虫害对玉米生产影响较大，将这几种自然灾害发生的总年平均次数作为县域风险区划时的一个指标。

将第一类别县内的 10 个县市的玉米生产风险划分为 3 个等级如表 6 - 16 所示。

表 6 - 16　　　　河南省玉米生产风险第一类别县等级划分结果

风险等级	地区	玉米保险平均纯费率（％）
Ⅰ	内黄县	2.587
Ⅱ	安阳县、汤阴县、滑县、许昌县、鄢陵县、长葛县	3.065
Ⅲ	林县、襄城县、禹州市	5.509

将第二类别县内的 36 个县市的玉米生产风险划分为 5 个等级如表 6 - 17 所示。

表 6 - 17　　　　河南省玉米生产风险第二类别县等级划分结果

风险等级	地区	玉米保险平均纯费率（％）
Ⅰ	修武县、博爱县、武陟县、孟县、新乡县、获嘉县、延津县、封丘县、卫辉市、辉县市	3.099
Ⅱ	舞钢市	4.957
Ⅲ	温县	5.063
Ⅳ	开封县、兰考县、杞县、通许县、尉氏县、临颍县、南召县、方城县、西峡县、镇平县、内乡县、淅川县、社旗县、唐河县、新野县、邓州市、宝丰县、叶县、鲁山县、郏县、汝州市、原阳县、长垣县	5.18
Ⅴ	舞阳县	7.224

将第三类别县内的 26 个县市的玉米生产风险划分为 5 个等级如表 6 - 18 所示。

表 6 - 18　　　　河南省玉米生产风险第三类别县等级划分结果

风险等级	地区	玉米保险平均纯费率（%）
I	浚县、偃师县、清丰县、南乐县	3.294
II	淇县、荥阳市、新密市、新郑市	3.438
III	濮阳县、中牟县	4.25
IV	范县、台前县、渑池县	8.059
V	孟津县、新安县、栾川县、嵩县、汝阳县、宜阳县、洛宁县、伊川县、陕县、卢氏县、灵宝县、巩义市、登封市	8.125

将第四类别县内的 24 个县市的玉米生产风险划分为 5 个等级如表6 - 19 所示。

表 6 - 19　　　　河南省玉米生产风险第四类别县等级划分结果

风险等级	地区	玉米保险平均纯费率（%）
I	民权县、睢县、宁陵县、柘城县、虞城县、夏邑县、永城县	5.707
II	西平县	6.144
III	西华县、商水县、太康县、鹿邑县、项城市	6.699
IV	扶沟县、沈丘县、郸城县、淮阳县、上蔡县、平舆县、汝南县、新蔡县	8.065
V	正阳县、确山县、泌阳县	8.637

将第五类别县内的 3 个县市的玉米生产风险划分为 3 个等级如表6 - 20 所示。

表 6 - 20　　　　河南省玉米生产风险第五类别县等级划分结果

风险等级	地区	玉米保险平均纯费率（%）
I	固始县	6.841
II	息县	9.451
III	淮滨县	11.454

通过因子分析和两次聚类分析，将河南省 99 个县市的玉米生产风险划分为 21 个风险区域，其中，风险等级最低的县市为内黄县、风险等级最高的县市为淮滨县。风险等级最低的县市出现在地市级风险等级最低区域内，而风险最高的县市出现在地市级风险等级最高的区域内。处于较高和较低风险等级内的县市个数相对较少，大部分的县市处于中等风险水平。

第六节　棉花地市级、县级风险区划

一　因子分析

对河南省各地市棉花生产的风险区划指标进行 KMO 和 Bartlett 检验以确定其是否适合进行因子分析，检验结果为：KMO 值为 0.640，巴特莱特相伴概率为 0.000，从两个统计量的检验结果可知，各地市棉花生产风险指标适合因子分析，通过因子分析得到各因子在风险区划变量上的载荷以及各因子的方差贡献率。

表 6 – 21　　　　　　棉花生产风险因子载荷矩阵、方差贡献率

变量名称	因子 1	因子 2	因子 3	因子 4	因子 5
单产平均减产率	– 0.838	0.322	– 0.273	– 0.001	0.044
单产减产率的标准差	0.827	– 0.243	0.469	– 0.043	0.002
单产减产率小于 – 10% 的年份比重	0.535	– 0.174	– 0.645	0.439	0.189
单产相对水平	0.411	0.835	0.145	0.127	0.078
成灾面积/受灾面积	0.018	– 0.881	0.264	0.259	0.116
有效灌溉面积	0.93	0	– 0.249	0.107	– 0.133
旱涝保收面积	0.937	0.028	– 0.168	0.088	– 0.226
机电灌溉面积	0.931	0.164	0.128	– 0.032	– 0.164
生产规模的相对水平	0.812	0.271	0.176	– 0.095	0.427
平均赔付率（%）	– 0.5	0.326	0.419	0.665	– 0.081
方差贡献率（%）	53.611	18.74	11.145	7.501	3.418
累计方差贡献率（%）	53.611	72.351	83.496	90.997	94.414

表 6 – 22　　　　　旋转后的因子载荷矩阵、方差贡献率（河南省各地市棉花）

变量名称	因子 1	因子 2	因子 3	因子 4	因子 5
单产平均减产率	– 0.896	– 0.286	– 0.143	– 0.194	0.168
单产减产率的标准差	0.848	0.339	0.216	– 0.029	– 0.114
单产减产率小于 – 10% 的年份比重	0.09	0.285	0.042	0.944	– 0.122
单产相对水平	0.12	0.24	– 0.478	9.58E – 05	0.186
成灾面积/受灾面积	0.192	– 0.031	0.958	0.041	0.012
有效灌溉面积	0.322	0.8	– 0.003	0.365	– 0.23
旱涝保收面积	0.39	0.822	– 0.039	0.283	– 0.196
机电灌溉面积	0.588	0.649	– 0.197	0.091	– 0.088
生产规模的相对水平	0.395	0.335	– 0.121	0.105	– 0.136
平均赔付率（%）	– 0.172	– 0.206	– 0.006	– 0.129	0.946
方差贡献率（%）	23.677	22.27	12.699	11.807	11.026
累计方差贡献率（%）	23.677	45.947	58.646	70.452	81.478

　　从表 6 – 22 中可知，这 5 个因子的累计方差贡献率为 81.478%，也能够较大程度上反映原始变量的信息。根据因子命名的规则，可将因子 1 命名为减产率波动因子，因其在平均单产减产率和单产减产率的标准差上的载荷较大；因子 2 为水利条件因子；因子 3 为灾情因子，因子 4 在单产减产率小于 – 10% 的年份比重上的载荷最大，将该因子命名为减产率严重度因子；因子 5 是赔付风险因子。利用回归法计算得到因子得分，并利用这 5 个因子对河南省各地市的棉花生产风险进行聚类分析。

表 6 – 23　　　　　河南省各地市棉花生产风险 5 个因子得分

地区	减产率波动因子	水利条件因子	灾情因子	减产率严重度因子	赔付风险因子
安阳市	– 0.81149	– 0.07507	– 1.54472	– 0.13091	– 1.13581
鹤壁市	– 0.292	– 1.43604	– 0.27955	0.27593	– 0.26056
焦作市	0.31759	– 0.36703	– 1.59176	– 0.67502	1.26597
开封市	1.48449	– 0.98051	0.46417	1.00252	0.89982
洛阳市	0.36108	– 0.65405	0.78517	– 0.86193	– 0.01312
漯河市	– 0.77113	– 0.52809	0.46331	– 0.72374	1.30514

地区	减产率波动因子	水利条件因子	灾情因子	减产率严重度因子	赔付风险因子
南阳市	- 1.23116	0.74444	0.77292	1.64502	0.49811
平顶山市	- 1.10594	0.1564	- 0.4671	1.17761	1.80627
濮阳市	1.19818	- 1.21503	1.00412	- 0.03251	- 1.05763
三门峡市	- 0.68662	- 0.66971	1.18885	- 1.86075	- 0.1999
商丘市	1.10299	2.02886	- 0.62218	- 0.87943	- 0.23812
新乡市	0.42214	1.45282	0.0573	- 1.37921	1.1772
信阳市	- 1.50324	1.22541	1.18411	0.47654	- 1.30251
许昌市	- 0.55803	- 0.65648	- 2.13581	0.07459	- 1.24922
郑州市	- 0.4204	- 0.43403	0.5687	0.05038	- 0.37984
周口市	0.84112	1.08259	0.19645	0.20715	- 0.99978
驻马店市	1.65243	0.32552	- 0.04399	1.63378	- 0.11602

二 聚类分析

依然采用对比分析法，将 4 种常用的系统聚类方法进行对比分析（见表 6 - 24）。

表 6 - 24　　　　　　　　**聚类方法选择**

聚类方法	各地市聚类	第一类别县	第二类别县	第三类别县	第四类别县	第五类别县
类平均法	0.6776	0.8437	0.7672	0.8392	0.6953	0.8124
最长距离法	0.5443	0.8211	0.5187	0.8077	0.6466	0.7520
离差平方和法	0.6386	0.7469	0.5695	0.8076	0.6421	0.7630
可变类平均法	0.6702	0.8429	0.7628	0.8262	0.6950	0.7943

对河南省各地市棉花生产风险的区划结果如表 6 - 25 所示。

表 6 - 25　　　　　　　**河南省各地市棉花生产风险等级划分**

风险等级	地区	棉花保险平均纯费率（%）
I	安阳市、许昌市、焦作市	4.677
II	南阳市、平顶山市、信阳市	5.439

续表

风险等级	地区	棉花保险平均纯费率（%）
Ⅲ	鹤壁市、洛阳市、漯河市、濮阳市、三门峡市、郑州市	6.25
Ⅳ	开封市、驻马店市	7.425
Ⅴ	新乡市、商丘市、周口市	8.041

　　对各地市的棉花生产风险等级划分结果显示，安阳市、许昌市和焦作市的棉花生产处于低风险水平，而新乡市、商丘市和周口市则处于高风险水平，不同风险等级间的费率差异较大。用第一类别县、第二类别县、第三类别县、第四类别县和第五类别县分别表示 5 个风险等级内的县市，继续对各类别县进行聚类分析。

　　以县域棉花单产、棉花播种面积和主要农作物播种面积以及河南省棉花单产、棉花播种面积和主要农作物播种面积构建县域棉花单产的相对水平、棉花单产平均减产率、棉花单产减产率的标准差、棉花单产减产率小于 −10% 的年份比重和规模指数 5 个主导指标，结合自然灾害对棉花生产影响频率指标，对相应风险等级内的县域进行风险区域划分。自然灾害中干旱、雨涝、大风、龙卷风、冰雹、霜冻和病虫害对棉花生产影响较大，将这几种自然灾害发生的总年平均次数作为县域风险区划时的一个指标。

　　将第一类别中所包括的 9 个县市棉花生产风险划分为 3 个风险等级，如表 6 − 27 所示。

表 6 − 26　　　　　河南省棉花生产风险第一类别县区划结果

风险等级	地区	棉花保险平均纯费率（%）
Ⅰ	安阳县	5.098
Ⅱ	汤阴县、滑县、内黄县、孟县、许昌县、禹州市、长葛县	5.178
Ⅲ	林县	6.636

　　将第二类别中的 10 个县市棉花生产风险划分为 3 个风险等级，如表 6 − 27 所示。

表 6 – 27   河南省棉花生产风险第二类别县区划结果

风险等级	地区	棉花保险平均纯费率（%）
I	新野县	6.475
II	汝州市	6.990
III	方城县、镇平县、内乡县、社旗县、唐河县、邓州市、淮滨县、息县	7.474

将第三类别中的 7 个县市棉花生产风险划分为 3 个风险等级如表 6 – 28 所示。

表 6 – 28   河南省棉花生产风险第三类别县区划结果

风险等级	地区	棉花保险平均纯费率（%）
I	灵宝县、中牟县	6.929
II	临颍县	7.429
III	舞阳县、濮阳县、清丰县、南乐县	9.56

将第四类别中的 11 个县市棉花生产风险划分为 3 个风险等级如表 6 – 29 所示。

表 6 – 29   河南省棉花生产风险第四类别县区划结果

风险等级	地区	棉花保险平均纯费率（%）
I	上蔡县、平舆县、泌阳县	7.071
II	杞县、通许县、尉氏县	7.809
III	开封县、兰考县、正阳县、汝南县、新蔡县	8.009

将第五类别中的 22 个县市棉花生产风险划分为 5 个风险等级如表 6 – 30 所示。

表 6 – 30   河南省棉花生产风险第五类别县区划结果

风险等级	地区	棉花保险平均纯费率（%）
I	新乡县	5.823
II	商水县、原阳县	8.376

续表

风险等级	地区	棉花保险平均纯费率（%）
Ⅲ	西华县、淮阳县、延津县、民权县、睢县、宁陵县、柘城县、虞城县、夏邑县、永城县	8.81
Ⅳ	扶沟县、太康县	9.065
Ⅴ	沈丘县、郸城县、鹿邑县、项城市、封丘县、长垣县、卫辉市	9.688

对河南省 59 个县市的棉花生产风险区划结果显示，河南省棉花生产可以划分为 17 个风险等级，其中，安阳县处于最低风险等级，沈丘县、郸城县、鹿邑县、项城市、封丘县、长垣县和卫辉市处于最高风险等级，不同风险等级内的平均纯费率差别较大。

第七节　花生地市级、县级风险区划

一　花生地市级风险分区

对河南省各地市花生生产风险指标体系的 KMO 和巴特莱特检验结果为：KMO 值为 0.564，巴特莱特相伴概率为 0.000，各地市花生生产风险指标不适合做因子分析，因此，对这些指标直接进行聚类分析，完成河南省各地市花生生产风险的区划。

在进行聚类分析前，仍采用 Z 分数法对指标进行标准化处理以消除量纲的差异，采用欧氏距离计算个体间的距离，类与类之间的距离分别选取类平均法、最长距离法、离差平方和法和可变类平均法 4 种距离计算方法，对比各自的 Cophenet 相关系数，得出类平均法聚类效果较好，其 Cophenet 相关系数为 0.7591。

河南省各地市花生生产风险可以划分为 5 个风险等级，分别用Ⅰ、Ⅱ、Ⅲ、Ⅳ、Ⅴ表示（见表 6-31），数字越大，代表的风险等级越高。

从河南省地市级花生生产风险区划结果可知，洛阳市、三门峡市为花生生产高风险区，而安阳市、鹤壁市、焦作市、漯河市、南阳市、平顶山市、濮阳市、新乡市、许昌市、郑州市为花生生产低风险区，高低风险区间费率相差 2.344%，可见，不同区域花生生产风险水平存在较大差异，直接对所有区域实行单一费率的制度设计不能很好地反映区域风险水平的差异。

表 6–31　　　　　　　河南省地市级区域花生生产风险等级划分

风险等级	地区	花生保险平均纯费率（%）
I	安阳市、鹤壁市、焦作市、漯河市、南阳市、平顶山市、濮阳市、新乡市、许昌市、郑州市	3.943
II	商丘市、周口市	5.392
III	信阳市	5.590
IV	开封市、驻马店市	5.938
V	洛阳市、三门峡市	6.287

以县域花生单产、花生播种面积和主要农作物播种面积以及河南省花生单产、花生播种面积和主要农作物播种面积构建县域花生单产的相对水平、花生单产平均减产率、花生单产减产率的标准差、花生单产减产率小于 –10% 的年份比重和规模指数 5 个主导指标，结合自然灾害对花生生产影响频率指标，对相应风险等级内的县域进行风险区域划分。自然灾害中干旱、雨涝、大风、龙卷风、冰雹和病虫害对花生生产影响较大，将这几种自然灾害发生的总年平均次数作为花生县域风险区划时的一个指标。

二　花生县级风险分区

比较不同聚类方法的效果如表 6–32 所示。

表 6–32　　　　　　　　　　聚类方法选择

聚类方法	各地市聚类	第一类别县	第二类别县	第三类别县	第四类别县	第五类别县
类平均法	0.7591	0.7402	0.7166	0.8798	0.7726	0.9401
最长距离法	0.7274	0.6157	0.6049	0.8730	0.6495	0.9355
离差平方和法	0.7154	0.4919	0.6018	0.7116	0.6841	0.9393
可变类平均法	0.7575	0.5064	0.6396	0.8782	0.7431	0.9401

对第一类别县内的 44 个县市的花生生产风险进一步聚类分析，对比

类平均法、最长距离法、离差平方和法和可变类平均法的 Cophenet 相关系数，类平均法的 Cophenet 相关系数为 0.7402，优于其他三种类间距离计算方法，把这 44 个县市划分为 5 个风险等级，分别用Ⅰ、Ⅱ、Ⅲ、Ⅳ、Ⅴ表示（见表 6-33），数字越大，代表的风险等级越高。

表 6-33　　　　第一类别县内县域花生生产风险等级划分

风险等级	地区	花生保险平均纯费率（%）
Ⅰ	滑县、原阳县、长葛县	2.703
Ⅱ	桐柏县、延津县	4.402
Ⅲ	汤阴县、内黄县、林县、修武县、武陟县、温县、孟县、南召县、方城县、镇平县、内乡县、淅川县、唐河县、新野县、邓州市、宝丰县、叶县、鲁山县、郏县、汝州市、濮阳县、清丰县、南乐县、新乡县、封丘县、卫辉市、辉县市、许昌县、襄城县、禹州市、中牟县、荥阳市、新密市、新郑市	4.685
Ⅳ	范县、登封市	7.391
Ⅴ	社旗县、长垣县、巩义市	7.55

对第二类别县内的 16 个县市进行聚类分析，将其分成 5 个风险等级，分别用Ⅰ、Ⅱ、Ⅲ、Ⅳ、Ⅴ表示（见表 6-34），数字越大，代表的风险等级越高。聚类结果的选择同样是通过比较 Cophenet 相关系数的大小获得。类平均法的 Cophenet 相关系数为 0.7166，优于其他 3 种类间距离计算方法。

表 6-34　　　　第二类别县内县域花生生产风险等级划分

风险等级	地区	花生保险平均纯费率（%）
Ⅰ	睢县、虞城县	5.0204
Ⅱ	民权县、宁陵县、永城县	5.931
Ⅲ	扶沟县、西华县、商水县、淮阳县、太康县、鹿邑县、项城市	6.976
Ⅳ	柘城县、夏邑县	7.363
Ⅴ	沈丘县、郸城县	10.799

对第三类别县内的 8 个县市进行聚类分析，同样选择 Cophenet 相关系数较大的类间距离计算方法类平均法得到的区划结果，其 Cophenet 相关系数为 0.8798，将其分为 3 个风险等级，分别用Ⅰ、Ⅱ、Ⅲ表示（见表6 - 35），数字越大，代表的风险等级越高。

表 6 - 35　　　　　第三类别县内县域花生生产风险等级划分

风险等级	地区	花生保险平均纯费率（％）
Ⅰ	新县	4.763
Ⅱ	罗山县、光山县、商城县、固始县、潢川县、息县	5.627
Ⅲ	淮滨县	7.264

对第四类别县内的 13 个县市进行聚类分析，选用类平均法，其 Cophenet 相关系数为 0.7726，将这 13 个县市划分为 3 个风险等级（见表6 - 36）。

表 6 - 36　　　　　第四类别县内县域花生生产风险等级划分

风险等级	地区	花生保险平均纯费率（％）
Ⅰ	正阳县	6.077
Ⅱ	尉氏县、开封县、兰考县、西平县、上蔡县、平舆县、确山县、汝南县、新蔡县、泌阳县	6.795
Ⅲ	杞县、通许县	7.767

第五类别县内的嵩县、汝阳县、宜阳县、伊川县和偃师县 5 个县，可以划分为 3 个风险等级（见表6 - 37）。

表 6 - 37　　　　　第五类别县内县域花生生产风险等级划分

风险等级	地区	花生保险平均纯费率（％）
Ⅰ	宜阳县	5.724
Ⅱ	偃师县	6.09
Ⅲ	嵩县、汝阳县、伊川县	6.52

对河南省 86 个县级尺度上的花生生产风险的区划结果显示，河南省花生生产风险可以分为 19 个风险区域，其中，滑县、原阳县和长葛市处于低风险等级内，嵩县、汝阳县和伊川县位于最高的风险等级内。

本章小结及建议

从对河南省地市、县尺度上的小麦、玉米、棉花和花生的风险等级划分结果来看，各县域水平上农作物的生产风险不同，受到自然灾害影响的种类也存在明显差别。通过聚类与因子分析，可以将河南省小麦、玉米、棉花和花生生产风险分别划分为 17 个、21 个、17 个和 19 个风险区域。从分析的结果可以看出，生产风险分布存在一种现象，即风险与费率并不完全一致，费率在随着风险增加而变大的同时，也出现了高风险等级内费率较低、低风险等级内费率较高的现象。鉴于不同县市风险水平的差异明显，精细化费率制定应是我国未来农作物保险发展的方向，科学的风险区划和费率厘定将是解决农作物保险精确承保的关键所在。

从上述四种农作物各县市风险等级划分的结果中还可以发现一个普遍存在的现象，即处于同一风险等级内的县市可能在行政区域划分上并不相邻，甚至距离相距甚远，比如小麦各县市风险等级划分结果中，林县与禹州处于同一风险等级之内，但两者在行政区划上林县归属于安阳市，禹州归属于许昌市，一个位于河南省最北端，另一个处于河南省中部地区。因此，风险等级的区划结果还不能直接用来作为农作物区域产量保险业务开展的依据，需要进一步结合河南省现行的行政区划，在保持风险基本一致与行政区域相对完整的情况下，对河南省不同作物进行费率分区。

为了有效地规避农业保险中的逆向选择问题，切实通过市场机制发挥保险对农业可持续健康发展的支撑作用，本章提出如下政策建议：

第一，广泛地开展不同作物的风险分区工作。针对各省级农作物分布区域，在地市级别区划的基础上，完成县级行政区划为，区划空间单元的风险评估与区域划分。将来可以在乡镇级别数据资料容许的情况下，进一步将乡镇级别农户按照不同的指标进行聚类，划分为不同的类组。

第二，依风险等级制定实施农户保费差异化补贴政策。政府对不同风险区域农户的支持也应有所区别，政府给予农户的补贴政策应具有弹性机制，给予费率较高地区农户的保费补贴额度应低于低费率地区农户的保费补贴，从而刺激投保意愿较低的农户参保，扩大承保面，在分散风险的同时，使财政补贴的效果得以放大。

第三，着力提升高风险地区抵御风险的能力。鉴于以保费补贴形式给予高风险区域地区农户的支持会诱发道德风险和逆向选择行为的发生，因此，对高风险地区以着重增强其抵御风险的能力，如加大农田水利设施建设、农作物种植技术推广及防灾减灾知识普及方面的投入力度。

第七章　河南省主要农作物费率分区

农作物保险费率即农作物保险保单的价格，是农作物保险经营的关键所在，本书采用本领域的前沿方法，结合小波分析对河南省各县市小麦、玉米、棉花和花生四种主要农作物保险的费率进行了计算。

小波分析主要用于对农作物单产趋势的估计中，具体计算过程在系统性风险定量研究一章已经进行了描述，此处不再赘言。在前文对河南省农作物保险风险区划的基础上，遵循保持行政区界相对完整性和保险责任与费率基本一致的基本原则，对河南省四种农作物进行了费率分区。

本章采用非参数核密度估计法对四种农作物县域水平的保险费率进行计算，详细的方法介绍和计算过程如下。

第一节　非参数核密度估计

关于农作物保险费率厘定的常用方法有参数估计法和非参数估计法。参数估计法，假设总体服从带未知参数的某个具体分布（如正态分布），然后将全部注意力集中于估计这些参数。这种方法容易操作且比较有效率，但缺点是对模型设定所做的假设较强，可能导致较大的设定误差，不够稳健。

非参数法不需要对模型的具体分布做任何假定，更为稳健，受到更多学者的青睐，并将其用于农作物保险的费率厘定中。

直方图可以被视为非参数方法的最初形式，即等分数据的取值范围为若干组，然后计算数据落入每一组的频率，从而得到密度函数的估计图。

假设要估计连续型随机变量 x 在 x_0 处的概率密度 $f(x_0)$，由于概率密度 $f(x_0)$ 是累积分布函数 $F(x)$ 在 x_0 处的导数，根据微积分中导数的定义：

$$f(x_0) = \lim_{h \to 0} \frac{F(x_0 + h) - F(x_0 - h)}{2h}$$

$$= \lim_{h \to 0} \frac{P(x_0 - h < x < x_0 + h)}{2h} \quad (7.1)$$

式中，区间 $(x_0 - h, x_0 + h)$ 为在 x_0 附近的小邻域。对于样本 $\{x_1, x_2, \cdots, x_n\}$，可以用数据落入区间 $(x_0 - h, x_0 + h)$ 的频率来估计概率 $P(x_0 - h < x < x_0 + h)$，得到以下直方图估计量：

$$\hat{f}_{Hist}(x_0) = \frac{\sum_{i=1}^{n} I(x_0 - h < x_i < x_0 + h)}{2hn}$$

$$= \frac{1}{nh} \sum_{i=1}^{n} I\left\{ \left| \frac{x_i - x_0}{h} \right| < 1 \right\} \times \frac{1}{2} \quad (7.2)$$

式中，$I(\cdot)$ 为符号函数，如果括号内的表达式为真，取值为 1；反之，取值为 0。从这个式子可以看出，直方图估计量对所有在区间 $(x_0 - h, x_0 + h)$ 的观测值都给予相同的权重，对在此区间之外的观测值权重为 0。此处，区间的半径 h 定义了邻域的大小，被称为"带宽"，区间的直径 2h 被称为"窗宽"。

但用直方图来估计密度函数的缺点是，即使随机变量是连续的，直方图也始终是不连续的阶梯函数。其根本原因在于它使用了符号函数作为"权重函数"，并且它的各组之间不允许重叠。

罗森布拉特（Rosenblatt，1956）提出了核密度估计法，与直方图不同的是，它没有固定的分割区间，区间随着估计点的移动而移动，可以消除边缘部分估计较差的缺陷，但该估计仍然是非光滑曲线。Parzen 核密度估计法使用更一般的权重函数，并允许各组之间重叠。核密度估计量可以表示为：

$$\hat{f}(x_0) = \frac{1}{nh} \sum_{i=1}^{n} K[(x_i - x_0)/h] \quad (7.3)$$

式中，$K(\cdot)$ 为核函数，实质上就是权重函数，需要满足：

$$K(z) \geq 0, \int_{-\infty}^{+\infty} K(z)\mathrm{d}z = 1 \quad (7.4)$$

即核函数 $K(\cdot)$ 是某个分布的密度函数。带宽 h 越大，则邻域越大，相应的密度函数 $\hat{f}(x)$ 就越光滑，因此，带宽 h 又被称为是光滑参数。常用的核函数有均匀分布函数、三角函数、伊番科尼可夫（Epanechnikov）

核函数、四次函数、三权函数（Triweight）、高斯函数（Gaussian）等。在核函数估计中，最优带宽的选择往往比核函数更为重要，使用不同的核函数，得到的密度估计一般非常接近。

一般来说，带宽 h 越大，$\hat{f}(x_0)$ 越光滑，x_0 附近的邻域也越大，估计的偏差越大（偏差与 h^2 成正比）。在选择最优带宽时，通常希望通过最小化均方误差（Mean Squared Error，MSE），即估计量方差与偏差平方之和：

$$\min_h MSE[\hat{f}(x_0)] = [Bias(x_0)]^2 + \text{Var}[\hat{f}(x_0)] \tag{7.5}$$

式中，$Bias(x_0) = E[\hat{f}(x_0)] - f(x_0) \approx \frac{1}{2}h^2 f''(x_0)\int_{-\infty}^{+\infty}z^2 K(z)\mathrm{d}z$

$\text{Var}[\hat{f}(x_0)] = \frac{1}{nh}f(x_0)\int_{-\infty}^{+\infty}K(z)^2\mathrm{d}z + o(1/nh)$

由于 $Bias(x_0) = o(h^2)$，故 $[Bias(x_0)]^2 = o(h^4)$，而 $\text{Var}[\hat{f}(x_0)] = o(1/nh)$。

故这个最小化问题可以表示为：

$$\min_h MSE[\hat{f}(x_0)] = k_1 h^4 + (k_2/nh) \tag{7.6}$$

其中，k_1 与 k_2 均为常数，对 h 求导，可得一阶条件：

$$4k_1 h^3 + k_2 \frac{1}{n}(-1/h^2) = 0 \tag{7.7}$$

$$h = (4k_1/k_2)^{-0.2}n^{-0.2} \tag{7.8}$$

可见，最优带宽为 $h^* = o(n^{-0.2})$，选择最优带宽，就能保证核密度估计的一致性。然而，均方误差依然取决于 x_0，如果希望得到对于 x_0 的所有可能取值的均方误差的整体度量，则可以最小化"积分均方误差"（Mean Intergrated Squared Error，MISE）：

$$\min_h MISE = \int_{-\infty}^{+\infty}MSE[\hat{f}(x_0)]\mathrm{d}x_0 \tag{7.9}$$

为求解这个最小化问题，西尔弗曼（Silverman，1986）证明最优带宽为：

$$h^* = \delta n^{-0.2}\left[\int_{-\infty}^{+\infty}f''(x_0)^2\mathrm{d}x_0\right]^{-0.2} \tag{7.10}$$

$$\delta \equiv \left\{\int_{-\infty}^{+\infty}K(z)^2\mathrm{d}z\Big/\left[\int_{-\infty}^{+\infty}z^2 K(z)\mathrm{d}z\right]^2\right\}^{0.2} \tag{7.11}$$

其中，常数 δ 仅依赖于核函数。如果假设样本总体来自正态分布，则：

$$\int_{-\infty}^{+\infty} f''(x_0)^2 \mathrm{d}x_0 = 3/(8\sqrt{\pi}\sigma^5) = 0.2116/\sigma^5 \tag{7.12}$$

本章选取大多数关于农作物保险费率厘定的研究中所使用的高斯核函数，根据克尔和古德温（Ker and Goodwin，2000）的工作，上式可以化为：

$$h^* = 1.06\hat{\sigma}n^{-0.2} \tag{7.13}$$

式中，$\hat{\sigma} = \min(s, Q/1.34)$，$s$ 为样本标准差代替，Q 为四分位数间距，即第三四分位数与第一四分位数之间的差值。由于实际的产量数据往往会偏离正态分布，克尔和古德温（2000）证明，将 1.06 调至 0.9 效果较好。即：

$$h^* = 0.9\hat{\sigma}n^{-0.2} \tag{7.14}$$

样本标准差 s 的计算公式为：

$$s = \sqrt{\frac{\sum_{t=1}^{n}(X_{it}-\bar{X})^2 S_{it}}{\sum_{t=1}^{n} S_{it}}} \tag{7.15}$$

式中，X_{it} 为某区域 i 第 t 年的某一农作物单产，S_{it} 为某区域 i 第 t 年的某一农作物播种面积，$\bar{X}$ 为 n 年面积的加权平均值：

$$\bar{X} = \frac{\sum_{t=1}^{n} S_{it}X_{it}}{\sum_{t=1}^{n} S_{it}} \tag{7.16}$$

第二节　费率厘定方法

农作物保险费率的计算本质上与一般的财产保险是相同的，即以农作物产量的平均损失率作为纯费率，并在此基础上加上一定的附加费率。以某地区 n 年的某农作物单产数据 $Y_t(t=1, 2, \cdots, n)$，为例，利用小波多分辨分析可以得到相应年份的农作物趋势单产 $\hat{Y}_t(t=1, 2, \cdots, n)$，当保障年份的农作物实际单产 $z < \lambda\hat{Y}_t$ 时，保险公司承担赔偿责任。其中，λ 为保单保障水平。小麦单产的期望损失由式 7.17 可得：

$$E(LOSS) = p(z < \lambda \hat{Y}_t) \times [\lambda \hat{Y}_t - E(z/z < \lambda \hat{Y}_t)]$$

$$= \int_0^{\lambda \hat{Y}_t} (\lambda \hat{Y}_t - z) f_n(z) dz \qquad (7.17)$$

式中，$f_n(z)$ 为核函数，当采用高斯核函数进行估计时，上式可转换为：

$$E(LOSS) = \int_0^{\lambda \hat{Y}} (\lambda \hat{Y}_t - z) f_n(z) dz$$

$$= 1/(n h_n \sqrt{2\pi}) \times \sum_{t=1}^{n} \int_0^{\lambda \hat{Y}} \left[(\lambda \hat{Y}_t - z) \times \right.$$

$$\left. \exp\left[-\frac{1}{2}\left(\frac{z - Y_t}{h_n}\right)^2 \right] \right] dz \qquad (7.18)$$

农作物保险费率厘定的公式为：

$$R = \frac{E(LOSS)}{\lambda \hat{Y}_t} \qquad (7.19)$$

第三节　小麦、玉米、棉花和花生县级费率厘定

具体的费率计算过程利用 Mtalab R2014a 编程软件完成。以小麦县级费率厘定为例，主要计算步骤如下：

第一步，根据小波多分辨分析，计算出各县市小麦历年趋势单产，这一过程在系统性风险定量研究时以安阳市小麦单产序列为例进行了详细说明，此处不再展示各县市小麦历年趋势单产的计算过程，而是直接将其用于费率计算中。

第二步，计算各县市小麦样本标准差 s 和四分位数间距 Q，从而利用带宽估计公式，计算出非参数核密度估计时的带宽 h（表 7 - 1 中的 s、Q、h 分别为各县市小麦、玉米、棉花和花生的样本标准差、四分位数间距和带宽）。

第三步，选用高斯核函数，将核密度估计的带宽、估计得到的趋势单产、相应保障水平代入费率计算公式，可以得到各县市小麦保险纯费率。在所有县市作物保险费率计算中的保障水平即 λ 统一设定为 100%。

限于文章篇幅，此处仅给出河南省各县市小麦保险纯费率的厘定结果，河南省各县市玉米、棉花和花生保险在 100% 保障水平下的相应费率见附录八中的表 1、表 2 和表 3。

表 7-1 河南省各县市小麦保险纯费率及费率分区

地区	s	Q	h	费率 R（%）	费率归属区域	区域费率
偃师县	31.9616	34.87507	12.40539	2.520614	1	2.520614
修武县	43.53157	55.07139	19.58941	3.501428	2	
博爱县	48.01869	83.92023	22.88814	2.620647	2	
武陟县	47.44416	74.48294	22.6143	2.339878	2	2.8689
温县	48.39204	87.72645	23.0661	2.831792	2	
孟县	55.06877	68.18931	24.25559	3.050954	2	
清丰县	49.71289	93.23978	23.69569	2.410032	3	
南乐县	61.45835	126.7271	29.29417	2.860264	3	2.895
范县	58.78556	118.4546	28.02018	3.415695	3	
安阳县	50.89919	103.0239	24.26113	2.728507	4	
汤阴县	45.465	84.86214	21.67093	2.922723	4	3.008
滑县	78.65326	152.7994	37.49014	3.548067	4	
内黄县	45.24548	72.96016	21.56629	2.83416	4	
新乡县	49.83228	100.8374	23.75259	2.435034	5	
获嘉县	34.49339	48.46752	16.4413	2.501544	5	
原阳县	43.02765	67.94947	20.50916	3.486261	5	
延津县	61.5222	103.196	29.3246	3.200367	5	
封丘县	79.29707	160.8064	37.79701	3.845266	5	3.1282
长垣县	81.38166	159.5293	38.79063	3.877628	5	
卫辉市	47.46269	81.8967	22.62313	2.747578	5	
辉县市	48.77337	87.33501	23.24786	2.931826	5	
中牟县	54.1759	90.3611	25.82298	3.130906	6	3.130906
杞县	56.38318	98.63393	26.87508	3.18413	7	
通许县	54.36989	103.883	25.91545	3.036256	7	
尉氏县	57.88571	127.9293	27.59127	3.237219	7	3.3033
开封县	49.93751	97.81153	23.80275	3.087181	7	
兰考县	63.91125	112.7379	30.46334	3.971516	7	
濮阳县	61.75537	114.6313	29.43574	3.275098	8	3.456269
台前县	59.8033	102.2112	28.50529	3.63744	8	

续表

地区	s	Q	h	费率R（%）	费率归属区域	区域费率
荥阳市	55.43884	102.3389	26.42496	3.623203	9	3.5214
新郑市	35.57749	43.28826	15.39805	3.419527	9	
宝丰县	49.81459	100.4948	23.74416	3.700732	10	3.5411
叶县	50.60892	103.4675	24.12278	3.571672	10	
郏县	35.16234	59.31724	16.76015	2.970542	10	
舞钢市	52.85728	103.2947	25.19446	3.921491	10	
许昌县	90.99662	162.7909	43.37361	4.361524	11	3.637
鄢陵县	70.05691	139.567	33.39268	3.169451	11	
襄城县	87.98927	152.1944	41.94015	4.119651	11	
长葛县	56.77825	99.1309	27.06339	2.897205	11	
浚县	106.7291	102.6297	36.50635	3.776877	12	3.6688
淇县	64.62728	110.733	30.80464	3.56076	12	
光山县	55.6613	106.4143	26.531	4.480291	13	4.2152
新县	35.79252	69.99611	17.06053	3.950017	13	
镇平县	62.83764	102.8504	29.95161	4.361628	14	4.2164
唐河县	65.94809	118.1111	31.4342	4.350008	14	
邓州市	61.02715	113.8561	29.08864	3.937542	14	
临颍县	89.61152	134.4477	42.7134	4.300257	15	4.300257
扶沟县	61.2302	83.90276	29.18542	3.356569	16	4.3172
西华县	70.43405	130.2556	33.57244	3.446548	16	
商水县	88.86567	177.2563	42.35789	4.535627	16	
沈丘县	89.10619	173.3536	42.47253	4.629443	16	
郸城县	106.9876	215.3439	50.99571	5.157103	16	
淮阳县	96.70623	189.2348	46.09509	4.777899	16	
太康县	78.22445	133.0617	37.28574	3.851469	16	
鹿邑县	88.91182	162.0362	42.37988	4.322013	16	
项城市	94.63319	176.9976	45.10698	4.778318	16	
罗山县	53.99058	104.6235	25.73465	4.225431	17	4.3563
商城县	52.66744	106.018	25.10397	4.36319	17	
固始县	55.85437	105.2875	26.62302	4.477036	17	
潢川县	48.23104	82.02256	22.98936	4.359735	17	

续表

地区	s	Q	h	费率 R（%）	费率归属区域	区域费率
鲁山县	25.77765	39.69908	12.28694	4.584776	18	4.3628
汝州市	48.15527	87.94378	22.95325	4.140834	18	
禹州市	67.10186	123.1485	31.98415	4.379712	19	4.379712
林县	30.03576	43.80437	14.31657	4.821489	20	4.821489
民权县	101.5705	199.4549	48.41366	4.632164	21	4.8385
睢县	88.99612	162.7261	42.42007	4.904996	21	
宁陵县	91.57302	196.4517	43.64835	4.085976	21	
柘城县	95.03551	166.6562	45.29875	4.843731	21	
虞城县	107.7377	226.8268	51.35326	5.03584	21	
夏邑县	110.2111	217.0724	52.53219	5.181651	21	
永城县	94.21588	180.5284	44.90807	5.185022	21	
南召县	38.17358	70.79827	18.19546	3.949468	22	4.9044
方城县	63.43115	125.0282	30.2345	5.120214	22	
西峡县	37.57255	45.67387	16.24663	5.724927	22	
内乡县	66.58373	93.73168	31.73718	5.457069	22	
淅川县	44.13947	57.59789	20.48812	5.359105	22	
社旗县	75.68115	132.8022	36.07348	5.024648	22	
新野县	83.23995	115.6928	39.67638	4.141439	22	
桐柏县	46.18818	80.39071	22.01563	4.45803	22	
西平县	83.31387	162.515	39.71162	4.220003	23	4.9831
上蔡县	101.5895	188.568	48.42273	5.246723	23	
平舆县	100.0684	191.908	47.69769	5.178688	23	
汝南县	95.17808	179.7055	45.3667	5.104694	23	
新蔡县	95.46031	167.066	45.50122	5.165221	23	
灵宝县	33.83964	60.59339	16.12969	4.520821	24	5.0135
卢氏县	49.12333	81.61579	23.41467	5.506097	24	
舞阳县	84.84032	147.6479	40.4392	5.224502	25	5.224502
泌阳县	79.51585	155.4298	37.90129	5.364041	26	5.364041
淮滨县	75.8737	113.8905	36.16525	5.801679	27	5.3882
息县	70.01892	116.0375	33.37457	4.97465	27	

续表

地区	s	Q	h	费率 R（%）	费率归属区域	区域费率
正阳县	90.42398	161.4933	43.10066	5.579612	28	5.5004
确山县	94.03927	171.3287	44.82389	5.421286	28	
孟津县	56.83138	67.20135	23.90416	6.644272	29	6.644272
巩义市	44.5442	66.92772	21.23203	7.719761	30	7.9562
新密市	47.02079	79.63037	22.41249	6.865598	30	
登封市	46.28812	56.4233	20.0703	9.283283	30	
义马市	51.50609	71.77753	24.55041	8.091853	31	8.4915
渑池县	65.80973	108.9561	31.36826	9.237739	31	
陕县	54.12406	85.72756	25.79827	8.144956	31	
新安县	69.68055	114.3365	33.21328	9.818517	32	8.594
栾川县	56.66424	81.1816	27.00905	7.925302	32	
嵩县	75.38353	147.1281	35.93162	8.703024	32	
汝阳县	58.61238	113.6933	27.93764	7.73484	32	
宜阳县	77.15795	118.9254	36.77739	9.091643	32	
洛宁县	74.40502	119.2794	35.46521	9.388148	32	
伊川县	66.19022	85.93264	30.56706	7.496757	32	

从河南省各县市小麦保险纯费率厘定的结果可知，费率处于 3.0 以下的县市的个数为 15 个，费率处于 3.0—4.0 的县市的个数为 30 个，费率处于 4.0—5.0 的县市的个数为 43 个，费率处于 5.0—6.0 的县市的个数为 19 个，而费率在 6.0—9.8 的县市的个数为 14 个。大多数县市的小麦保险费率较小，这与河南省的地理位置、气候特征以及农户多年种植小麦的经验积累有很大关系，河南省较适宜小麦种植。

对于河南省玉米保险费率而言，费率位于 3.0 以下的县市有 13 个，费率在 3.0—4.0 的县市有 7 个，在 4.0—5.0 的县市有 16 个、在 5.0—6.0 的县市有 15 个，而在 6.0—11.45 的县市有 46 个。对于河南省棉花保险费率而言，费率在 4.0—6.0 的县市有 11 个，费率在 6.0—7.0 的县市有 13 个，而费率在 7.0 以上的县市有 35 个。对于河南省花生保险费率而言：费率在 2.0—4.0 的县市有 13 个，在 4.0—5.0 的县市有 16 个，在 5.0—6.0 的县市有 21 个，在 6.0—7.0 的县市有 20 个，在 7.0 以上的县市有 16 个。

河南省各县市农作物保险费率差异非常大。对小麦保险而言，费率最低的县为武陟县，为 2.34%，费率最高的地区为新安县，为 9.82%；对玉米而言，费率最低的县为安阳县，为 2.23%，费率最高的地区为淮滨县，为 11.45%；对棉花而言，费率最低的地区为长葛市，为 4.03%，费率最高的地区为卫辉市，为 15.94%；对花生而言，费率最低的地区为长葛市，为 2.13%，费率最高的地区为沈丘县，为 11.11%。总体来看，最低与最高费率之间，差距最大的为棉花，其次为玉米、花生与小麦。

不同农作物的费率水平也存在较大差异。棉花作物保险费率 6.0 以上的县市个数最多，达 48 个，而河南省主要种植棉花的县市个数为 59 个，即大部分棉花种植县市的费率都较高，这也从费率角度解释了近年来河南省棉花种植面积不断萎缩的现象。其次为玉米，再次为花生，而小麦保险费率在 6.0 以上的县市个数最少，仅为 14 个。

河南省不同的作物之间费率差异较大，不同的县市之间同一农作物保险的费率差距也非常大。如安阳县小麦与玉米保险费率均在 3.0 以下，而其棉花和花生保险的费率却在 5.0 以上。从农作物保险费率处于 6.0 以上的个数来看，四种不同作物的风险大小顺序依次为棉花 > 玉米 > 花生 > 小麦。

第四节　小麦、玉米、棉花和花生费率分区原则与结果

结合第三章对河南省农作物保险经营方案中小麦、玉米、棉花和花生等农作物保险的费率、保额可知，河南省现行的方案中上述四种作物的保险费率均为 6%，尽管单位保险金额依据不同作物种植成本而有所区别，但河南省这种同一费率，甚至所用农作物保险费率也一样的实施方案，与本章费率计算所得结果和前文关于四种农作物的风险区划结果并不相符，这也使实际农作物保险经营中出现了一系列由费率和风险区分不当引致的问题。基于地市级尺度的因子和聚类分析之上的各县市的多次聚类分析结果细化了作物生产风险的同时也细分了费率档次。

在目前农作物保险发展尚不完善的阶段，以第六章中所得到的四种

作物的风险分区为依据，开展农作物区域产量保险试点，可以按以下原则进行费率分区：对于处于同一地市级行政单元内且处于同一风险等级内的县市，采用这些县市的平均费率开展业务，而对于属于同一风险等级但不属于同一市级行政区域内的且相邻较远的县市，可以暂且将这些县市以地市级行政区划归属进行划分，并以各自的平均纯费率作为区域产量保险的纯费率。

以小麦保险为例，如安阳县、滑县、汤阴和内黄县同归属于安阳市，且这4个县市处于同一风险等级内，那么这4个县市可以以其平均费率3.008%进行承保；而林县与禹州市，前者归属安阳市、后者归属许昌市，且两者在区域上相距甚远，因此，这两个县市不适宜用同一费率，以这两个县市为基本单元分别开展区域产量保险，且费率采用这两个县市各自的费率开展业务较为妥当。

按照上述费率分区原则，以区域产量保险作为费率计算的基础，同时结合风险等级划分结果以及河南省行政区域的划分，按照上述原则将河南省四种主要作物的费率进行区划。将河南省小麦保险划分为32个费率区域，每个区域的平均纯费率参见表7-1中的最后一列。

尽量使原本在一个地市内的各县市被区划为若干费率区域，并使处于不同风险等级内行政区划上相距较远的少数县市归属于各自不同的费率区域，这种费率区划方式在保持风险等级区划结果的基础上也保持了行政区域单元的完整性。

从表7-2可以看出，按照上述原则对各县市玉米、棉花和花生保险纯费率也进行了相应的费率分区，可以将河南省玉米区域产量保险划分为34个费率区域、棉花保险划分为27个费率区域、花生保险划分为33个费率区域（结果见附录八中的表1、表2和表3）。

表7-2　　　　　河南省主要农作物风险区划与费率分区结果

农作物类别	风险区划	费率区划	县市个数
小麦	17	32	106
玉米	21	34	99
棉花	17	27	59
花生	19	33	86

从费率分区的结果来看，部分费率区域之间的平均纯费率差别较小，在区域产量保险试点初期，可以用同一纯费率对这些地区进行费率计算，结合传统农作物保险经营过程中的赔付率、保费收入、经营费用等情况对其进行适当调整。

本章小结

本章对河南各县市小麦、玉米、棉花和花生四种农作物的保险纯费率，依据非参数核密度估计和小波多分辨分析进行了计算。发现不同农作物之间、不同地区之间费率差别较大。在农作物承保与理赔核算尚不成熟的情形下，农作物保险精细化运营和服务的速度不宜过快，对于河南省而言，在风险区划基础上，对农作物得到的相应细化的风险等级内，结合行政区域进行费率分区，并以不同区域内的平均纯费率作为开展区域产量保险的纯费率较为可行。

在区域产量保险方案实施之前，可以考虑在河南省四种作物费率水平相对处于中等级别的县市开展区域产量保险试点，然后再在河南省普及。事实上，河南省从 2016 年开始已经在部分县市进行了区域产量保险的试点。

2016 年，中原农业保险股份有限公司率先在河南省新蔡县、虞城县和邓州市开展了小麦区域产量保险试点，其中涉及虞城县 15 个乡镇、新蔡县 4 个乡镇以及邓州市 2 个乡镇，共实现小麦承保面积 82 万多亩，达到赔偿标准的乡镇有新蔡县的宋岗乡、涧头乡、杨庄户乡和余店镇 4 个乡镇，邓州市的高集乡和孟楼镇 2 个乡镇，共 6 个乡镇农户得到赔偿，总赔款额达到 740 多万元。

参照本书第六章小麦保险风险等级划分的结果及本章小麦费率分区的结果可知，上述试点的三个县市小麦生产风险处于中等水平，之所以选择费率处于中等级别的县市进行试点，主要考虑到上述四种作物均为大宗生产的农作物，费率等级水平低的区域，农户采用传统的风险规避措施对风险就能进行较好的分散，而较高费率等级地区农户的收入水平也很可能因多年自然灾害风险严重而处于较低水平，故其保费缴付的能力可能并不高。

第八章　结论及政策建议

本书以粮农大省河南省各地市、108个县市的四种主要农作物为例展开的研究具有一定的代表性，且书中相应的研究方法可以为全国其他省份开展农作物风险区域划分与费率分区工作时提供借鉴与参考。

本章节在对前面几个章节的研究内容进行概述的基础上，对全书的研究结论进行了概括与总结，并针对河南省主要农作物的生产风险状况、风险与费率分区结论，以及河南省农业保险经营的现状、存在的潜在问题，提出了相应建议，为河南省农作物保险的健康持续发展、粮食持续增产和农民的持续增收提供了微观精算技术基础。

第一节　本书主要研究结论

本书以河南省农作物保险为例，以农作物保险的风险区划和费率分区为主线，结合河南省农业发展状况、河南省粮食安全对全国粮食安全的贡献、河南省农业保险发展影响因素、河南省自然灾害时空分布特征及农作物系统性风险的定量研究，凸显了河南省农作物保险风险区划和费率分区的重要性、可行性和必要性。

从河南省农业发展状况、河南省粮食安全和全国粮食安全之间的关系可以看出，河南省作为我国的农业大省和产粮大省，其粮食生产的稳定持续增产对河南省乃至全国的粮食安全意义重大。从河南省粮食生产及波动中可以预测全国的粮食生产及波动趋势。用"河南熟，天下足"的谚语描述河南省粮食安全对全国的重要贡献并不夸张。

不过，河南省历年来受干旱、雨涝、风灾、霜冻、雪灾以及病虫害等自然灾害的影响较为严重，常常因自然灾害导致农作物受灾减产甚至绝收。近年来，河南省农业保险在政府支持下得以快速发展，对农民灾后恢复生产和重建提供了重要的资金支持及技术支撑。

农业保险作为一项重要的支农政策在快速扩大覆盖面、持续增加风险保障的同时，也出现了一些重要问题，如道德风险和逆向选择现象严重、产品单一缺乏创新性、保障水平较低、承保和理赔不够精细化，这些问题之所以存在，其中的一个重要原因是河南省现行的农作物保险费率单一，缺乏针对不同作物及不同风险区域的差异性设计。

从前面章节的分析中可知，河南省自然灾害的发生具有明显的地域分布差异，且不同的农作物受到自然灾害影响的类型也有所不同。干旱和雨涝是各种灾害中对河南省农业生产影响最为严重的，发生的频次和影响程度较其他自然灾害更大，河南省大致可以分为五个干旱类型区、四种主要雨涝类型区。

本书依据各种灾害发生的年度和严重程度，对相应的历史资料进行了系统的梳理与统计计算，将河南省各县市依自然灾害类型划分为不同的风险等级，并计算出每个县市各种自然灾害的年平均发生次数。

从不同作物种类来看，小麦主要受干旱、雨涝、冰雹、大风、龙卷风、干热风、霜冻、病虫害、雪灾和雨淞等自然灾害的影响；玉米主要受干旱、雨涝、大风、龙卷风、冰雹和病虫害的影响；棉花主要受干旱、雨涝、冰雹、大风、龙卷风、霜冻和病虫害的影响；花生主要受干旱、雨涝、大风、龙卷风、冰雹和病虫害的影响。将上述各种农作物受的各种自然灾害影响的年平均次数进行汇总，得到河南省县域尺度上四种主要农作物受自然灾害影响频率指标，并将其纳入县级风险区划指标体系。

因数据收集原因，没能够获得河南省农作物保险的经营数据，而是以河南省农业保险经营数据对影响河南省农业保险发展的因素进行了实证分析。相应的实证结果对河南省农作物保险经营也具有一定的指导意义。

对河南省各省辖市农业保险的研究发现，农业生产总值、城镇化率以及上一年度农业保险赔付占财产险赔付比重三个指标对农业保险保费收入影响为正，农业生产总值是农业保险业务开展的基础，其值越大，农业保险保费收入越大；城镇化率在通过对农业和农村的影响中也促进了农业保险的发展，从城镇化发展水平以及城镇化动力来源来看，河南省属于偏重由农业部门发展和生产率提高推动的城镇化地区，且城镇化水平较低；从城镇化的空间组织模式来看，河南省属于偏向就地城镇化地区。总体而言，河南省城镇化的发展促进了农业保险的发展。上一年度农业保险赔付比重占财产险赔付比重指标度量了河南农业生产的风险大小，该指标与农业保险收入呈正相关关系。上一年度农业保险的赔付率以及农民人均纯收入增加量对农业保险的影响较为复杂，从最终的结果来看，两者均与农业保险负相关关系。

本书较为创新性地加入了农作物系统性风险的定量分析，基于小波分辨分析与系统聚类法，构建了三个反映农作物系统性风险的指标，并对不同的农作物系统性风险进行了等级划分。结果发现，河南省各县市农作物系统性风险较大，如果仍采用传统的农作物保险产品，难以发挥大数法则的效用，而区域产量保险设定的赔付方式可以有效地应对系统性风险问题。因此，本书在此基础上提出采用区域产量保险进行风险分区与费率计算。

接下来，本书以河南省县域区划为基本研究单元，在区划的方案上进行了创新，不是直接对县域进行风险划分，而是在对市级农作物风险区划的基础上再次对县域农作物生产风险进行区划。这种区划设计使精细化的风险分区得以实现。

在区划指标设计上也针对地市级、县级农作物生产风险特点以及数据的可得性分别构建指标体系，在体现一致性的同时，也表现出差异性。最终运用因子分析和多次聚类分析完成了河南省主要农作物的风险区划。结合风险区划结果与行政区域划分，将河南省 106 个县市小麦生产风险划分为 17 个风险区域，根据平均纯费率可以得到 32 个费率水平；河南省 99 个县市的玉米生产风险划分为 21 个风险区域和 34 个平均费率水平；河南省 59 个县市的棉花生产风险可以划分为 17 个风险区域和 27 个费率区域；河南省 86 个县级尺度上的花生生产风险可以分为 19 个风险区域和 33 个费率区域。

第二节 相关政策建议

为了促进河南省粮食持续稳产增产、农业保险健康发展和农民增收，基于本书的研究结论，提出以下政策建议：

第一，在城镇化快速发展、耕地面积不断减少的前提下，以发展现代农业为主题，转变农业发展方式，加快农业产业化进程，促进农业产业结构的优化升级。努力建设高标准粮田，推动粮食生产走内涵式发展道路，完善农田基本设施，科技兴农，以增强河南省粮食生产的抗灾稳产能力。

第二，农作物保险经营方面。在产品创新性方面，努力增加地方特色农作物保险及指数化保险设计。如洛的牡丹、焦作山药、信阳茶叶和禽类养殖、南阳香菇、驻马店白芝麻、新郑大枣、灵宝苹果、鄢陵花卉、杞县大蒜、原阳大米等。

相对于大宗粮食作物，这些特色农作物生产大多成本投入大，受自然灾害的影响也更严重，种植农户对农业保险的需求也相对较大。指数化保险方面，可以试点区域产量保险、天气指数保险等保险产品，丰富农作物保险的种类。

在保障水平方面，农作物保险在不断扩大其覆盖面的同时，应努力提高其保障水平，要基本实现对农户种植成本的补偿。一方面，调动农户的投保积极性；另一方面，在灾害发生时，能够切实保障农户利益，帮助农户恢复生产，使农户不至于因灾致贫、因灾返贫。

在农业保险宣传方面，加大政府对农业保险的宣传力度，采用多渠道、全方位地对农业保险基本知识进行普及，以增加农户的自我风险保障意识和投保机会。

第三，广泛开展农作物保险风险分区与费率分区，实施精细化和专业化的农作物保险管理及服务。只有准确、科学地确定了农作物保险的价格，使农户承担的风险与付出的成本相一致，才能在保障农户利益的同时，实现保险公司的正常利润。

农作物保险的精细化和专业化服务是农作物保险发展的需要，在 3S 和 3G① 技术支撑农作物保险精确承保以及卫星遥感勘损、无人机遥感勘损和移动互联终端勘损技术不断发展的背景下，农作物的精确承保和快速理赔将不断加快步伐，这也为农作物保险精细化和专业化经营提供了科技支撑。而农作物保险风险区划和费率分区的广泛开展为农作物保险

---

① "3S" 技术是英文遥感技术（Remote Sensing，RS）、地理信息系统（Geographical information System，GIS）和全球定位系统（Global Positioning System，GPS）三种技术名词的统称；3G 是 "第三代移动通信技术"（英语：3rd - Generation）的缩写。

经营做到专业化与精细化提供了精算技术支持。

第四，加大政府财政补贴力度和广度。政府的支持对农作物保险的经营至关重要。

加大政府补贴，可以增加农户的保险需求。但是，目前我国对各省的农作物保险财政补贴缺乏弹性机制，没有体现各地区的风险差异，对于特定人群也没有差异，这不利于农作物保险的快速发展。

一般来说，粮食生产核心区的产粮大县的农户种粮面积大，受自然灾害影响较大，收入相对较低。这些地区的县级财政的实力薄弱、负担较重，县级财政支付保费补贴难度较大，而我国层层倒推的农业保险保费补贴机制的设计很容易使这些地区县级财政保费补贴不能及时到位而影响农业保险的投保。如《河南省 2016 年农业保险工作方案》调减了河南省玉米、小麦和水稻三大粮食作物的各级政府保费补贴，主要是对济源市和 22 个省财政直管县产粮大县，调整其保费补贴财政负担比例，取消市级、县级财政负担比例，增加中央和省级财政负担比例；对于 81 个非财政直管县产粮大县，取消其县级财政负担比例，市级财政负担比例不变，增加中央和省级财政负担比例；是提高农户投保积极性的重要措施。

第五，完善巨灾风险基金机制。从前面关于农作物系统性风险的分析中可知，河南省主要农作物系统性风险较大，因自然灾害导致大面积农作物受损的情况较为常见。农作物系统性风险的发生很可能会引致农作物保险赔付系统性风险的产生，进而导致保险公司经营的农作物保险业务亏损甚至萎缩。

附　录

一　河南省历年主要农作物种植结构

年份	农作物播种面积（千公顷）	粮食作物播种面积（千公顷）	小麦播种面积（千公顷）	玉米播种面积（千公顷）	花生播种面积（千公顷）	粮食面积占比（％）	小麦面积占比（％）	玉米面积占比（％）	花生面积占比（％）
1990	11889.7	9316.1	4782.7	2176.9	441.1	78.354	40.2256	18.309	3.7099
1991	12001.9	9040.4	4796.7	2087.5	449.1	75.325	39.9662	17.393	3.7419
1992	11936.3	8804.7	4713.2	1964.3	481.6	73.764	39.4863	16.457	4.0348
1993	12068	8969	4840	1957	596	74.321	40.1061	16.216	4.9387
1994	12087.7	8810.9	4817.5	1871.5	757.4	72.891	39.8545	15.483	6.2659
1995	12136.8	8810	4814	1957.5	767.3	72.589	39.6645	16.129	6.3221
1996	12257.4	8965.3	4868.2	2150.2	713.4	73.142	39.7164	17.542	5.8202
1997	12276.7	8879.9	4927.3	1952.4	754.3	72.331	40.1354	15.903	6.1442
1998	12567.1	9102	4964	2152.7	790.95	72.427	39.5	17.13	6.2938
1999	12659.9	9032.3	4884.6	2193.7	862.81	71.346	38.5833	17.328	6.8153
2000	13136.9	9029.6	4922.3	2201.3	984.8	68.735	37.4693	16.757	7.4964
2001	13127.7	8822.8	4801.6	2200	956	67.207	36.5761	16.758	7.2823
2002	13359.8	8975.1	4855.7	2319.9	944.8	67.18	36.3456	17.365	7.072
2003	13684.4	8923.3	4804.6	2386.7	963.4	65.208	35.1101	17.441	7.0401
2004	13789.7	8970.1	4856	2420	951.7	65.049	35.2147	17.549	6.9015
2005	13922.6	9153.4	4962.7	2508.3	979.3	65.745	35.6449	18.016	7.0339
2006	14185.6	9455.8	5208.5	2751.7	956.7	66.658	36.7168	19.398	6.7442
2007	14087.8	9468	5213.3	2779.2	947.8	67.207	37.0058	19.728	6.7278

续表

年份	农作物播种面积（千公顷）	粮食作物播种面积（千公顷）	小麦播种面积（千公顷）	玉米播种面积（千公顷）	花生播种面积（千公顷）	粮食面积占比（%）	小麦面积占比（%）	玉米面积占比（%）	花生面积占比（%）
2008	14147.4	9600	5260	2820	956.7	67.857	37.18	19.933	6.7624
2009	14181.4	9683.6	5263.3	2895.4	975.4	68.284	37.1141	20.417	6.878
2010	14248.7	9740.2	5280	2946	989.5	68.358	37.056	20.676	6.9445
2011	14258.6	9859.9	5323.3	3025	1010.6	69.15	37.334	21.215	7.0877
2012	14262.2	9985.2	5340	3100	1007.1	70.011	37.4416	21.736	7.0613
2013	14323.5	10082	5366.7	3203.3	1037.3	70.387	37.4678	22.364	7.2419
2014	14378.3	10210	5406.67	3283.9	1058.32	71.008	37.6029	22.839	7.3605

二　河南省粮食自给率、全国和河南省人均粮食占有量

年份	河南粮食自给率	全国人均粮食占有量	河南省人均粮食占有量	年份	河南粮食自给率	全国人均粮食占有量	河南省人均粮食占有量
1990	0.954925	390.3011	381.9702	2002	1.094866	355.8169	437.9465
1991	0.85881	375.826	343.5239	2003	0.923107	333.2858	369.2428
1992	0.87733	377.788	350.9322	2004	1.096017	361.1637	438.4069
1993	1.016994	385.1667	406.7975	2005	1.221215	370.1719	469.0827
1994	0.90113	371.3817	360.452	2006	1.360812	378.8892	520.6008
1995	0.952335	385.2495	380.9341	2007	1.400967	379.6311	531.4844
1996	1.046637	412.2388	418.6546	2008	1.4226	398.1184	540.9841
1997	1.053408	399.7306	421.3632	2009	1.420094	397.7675	540.6843
1998	1.076116	410.6213	430.4466	2010	1.445196	407.542	520.9447
1999	1.13275	404.1672	453.1	2011	1.475916	423.9496	528.4107
2000	1.080707	364.6554	432.2829	2012	1.498639	435.4226	534.8193
2001	1.077938	354.6559	431.1753	2013	1.517443	442.3676	538.9765

三 1990—2013 年全国和河南省粮食 斯韦德伯格波动系数

年份	全国			河南省		
	实际粮食总产量	平均趋势粮食产量	波动系数	实际粮食总产量	平均趋势粮食产量	波动系数
1990	44624.3	43114.43	0.03502	3303.66	2970.732	0.112069
1991	43529.3	43653.83	−0.00285	3010.3	3089.462	−0.02562
1992	44265.8	44193.24	0.001642	3109.61	3208.193	−0.03073
1993	45648.8	44732.64	0.020481	3639.21	3326.924	0.093866
1994	44510.1	45272.05	−0.01683	3253.8	3445.655	−0.05568
1995	46661.8	45811.46	0.018562	3466.5	3564.385	−0.02746
1996	50453.5	46350.86	0.088513	3839.9	3683.116	0.042568
1997	49417.1	46890.27	0.053888	3894.66	3801.847	0.024413
1998	51229.53	47429.67	0.080116	4009.61	3920.577	0.022709
1999	50838.58	47969.08	0.05982	4253.25	4039.308	0.052965
2000	46217.52	48508.49	−0.04723	4101.5	4158.039	−0.0136
2001	45263.67	49047.89	−0.07715	4119.88	4276.769	−0.03668
2002	45705.75	49587.3	−0.07828	4209.98	4395.5	−0.04221
2003	43069.53	50126.71	−0.14079	3569.47	4514.231	−0.20929
2004	46946.95	50666.11	−0.07341	4260	4632.962	−0.0805
2005	48402.19	51205.52	−0.05475	4582	4751.692	−0.03571
2006	49804.23	51744.92	−0.03751	5112.3	4870.423	0.049662
2007	50160.28	52284.33	−0.04063	5245.22	4989.154	0.051325
2008	52870.92	52823.74	0.000893	5365.48	5107.884	0.050431
2009	53082.08	53363.14	−0.00527	5389	5226.615	0.031069
2010	54647.71	53902.55	0.013824	5437.1	5345.346	0.017165
2011	57120.85	54441.95	0.049206	5542.5	5464.076	0.014353
2012	58957.97	54981.36	0.072326	5638.6	5582.807	0.009994
2013	60193.84	55520.77	0.084168	5713.69	5701.538	0.002131

四　河南省产粮大县

省辖市	县（市、区）	备注	省辖市	县（市、区）	备注	省辖市	县（市、区）	备注
济源	济源							
	兰考县	省财政直管县产粮大县	郑州市	荥阳市	非财政直管县产粮大县	鹤壁市	浚县	非财政直管县产粮大县
	汝州市	省财政直管县产粮大县	郑州市	新密市	非财政直管县产粮大县	鹤壁市	淇县	非财政直管县产粮大县
	滑县	省财政直管县产粮大县	郑州市	新郑市	非财政直管县产粮大县	新乡市	获嘉县	非财政直管县产粮大县
	长垣县	省财政直管县产粮大县	开封市	通许县	非财政直管县产粮大县	新乡市	新乡县	非财政直管县产粮大县
	邓州市	省财政直管县产粮大县	开封市	尉氏县	非财政直管县产粮大县	新乡市	卫辉市	非财政直管县产粮大县
	永城市	省财政直管县产粮大县	开封市	开封县	非财政直管县产粮大县	新乡市	辉县市	非财政直管县产粮大县
	固始县	省财政直管县产粮大县	开封市	杞县	非财政直管县产粮大县	新乡市	原阳县	非财政直管县产粮大县
	鹿邑县	省财政直管县产粮大县	洛阳市	孟津县	非财政直管县产粮大县	新乡市	延津县	非财政直管县产粮大县

续表

省辖市	县（市、区）	备注	省辖市	县（市、区）	备注	省辖市	县（市、区）	备注
	新蔡县	省财政直管县产粮大县	洛阳市	新安县	非财政直管县产粮大县	焦作市	修武县	非财政直管县产粮大县
	中牟县	省财政直管县产粮大县	洛阳市	伊川县	非财政直管县产粮大县	焦作市	博爱县	非财政直管县产粮大县
	宜阳县	省财政直管县产粮大县	洛阳市	嵩县	非财政直管县产粮大县	焦作市	武陟县	非财政直管县产粮大县
	郏县	省财政直管县产粮大县	洛阳市	洛宁县	非财政直管县产粮大县	焦作市	沁阳市	非财政直管县产粮大县
	封丘县	省财政直管县产粮大县	洛阳市	偃师市	非财政直管县产粮大县	焦作市	孟州市	非财政直管县产粮大县
	温县	省财政直管县产粮大县	平顶山市	鲁山县	非财政直管县产粮大县	许昌市	许昌县（现改为建安区）	非财政直管县产粮大县
	范县	省财政直管县产粮大县	平顶山市	宝丰县	非财政直管县产粮大县	许昌市	襄城县	非财政直管县产粮大县
	鄢陵县	省财政直管县产粮大县	平顶山市	叶县	非财政直管县产粮大县	许昌市	禹州市	非财政直管县产粮大县
	唐河县	省财政直管县产粮大县	安阳市	林州市	非财政直管县产粮大县	许昌市	长葛市	非财政直管县产粮大县

省辖市	县（市、区）	备注	省辖市	县（市、区）	备注	省辖市	县（市、区）	备注
	夏邑县	省财政直管县产粮大县	安阳市	安阳县	非财政直管县产粮大县	漯河市	舞阳县	非财政直管县产粮大县
	潢川县	省财政直管县产粮大县	安阳市	汤阴县	非财政直管县产粮大县	漯河市	临颍县	非财政直管县产粮大县
	项城市	省财政直管县产粮大县	安阳市	内黄县	非财政直管县产粮大县	漯河市	郾城区	非财政直管县产粮大县
	郸城县	省财政直管县产粮大县	三门峡市	灵宝市	非财政直管县产粮大县	漯河市	召陵区	非财政直管县产粮大县
	正阳县	省财政直管县产粮大县			非财政直管县产粮大县			非财政直管县产粮大县
南阳市	镇平县	非财政直管县产粮大县	商丘市	虞城县	非财政直管县产粮大县	信阳市	光山县	非财政直管县产粮大县
南阳市	新野县	非财政直管县产粮大县	商丘市	梁园区	非财政直管县产粮大县	信阳市	商城县	非财政直管县产粮大县
南阳市	宛城区	非财政直管县产粮大县	商丘市	睢阳区	非财政直管县产粮大县	信阳市	息县	非财政直管县产粮大县
南阳市	淅川县	非财政直管县产粮大县	商丘市	柘城县	非财政直管县产粮大县	信阳市	淮滨县	非财政直管县产粮大县

续表

省辖市	县（市、区）	备注	省辖市	县（市、区）	备注	省辖市	县（市、区）	备注
南阳市	方城县	非财政直管县产粮大县	商丘市	宁陵县	非财政直管县产粮大县	周口市	扶沟县	非财政直管县产粮大县
南阳市	社旗县	非财政直管县产粮大县	商丘市	睢县	非财政直管县产粮大县	周口市	西华县	非财政直管县产粮大县
南阳市	卧龙区	非财政直管县产粮大县	商丘市	民权县	非财政直管县产粮大县	周口市	商水县	非财政直管县产粮大县
南阳市	内乡县	非财政直管县产粮大县	信阳市	平桥区	非财政直管县产粮大县	周口市	太康县	非财政直管县产粮大县
南阳市	桐柏县	非财政直管县产粮大县	信阳市	罗山县	非财政直管县产粮大县	周口市	淮阳县	非财政直管县产粮大县
周口市	沈丘县	非财政直管县产粮大县	驻马店市	遂平县	非财政直管县产粮大县	驻马店市	汝南县	非财政直管县产粮大县
驻马店市	确山县	非财政直管县产粮大县	驻马店市	西平县	非财政直管县产粮大县	驻马店市	平舆县	非财政直管县产粮大县
驻马店市	泌阳县	非财政直管县产粮大县	驻马店市	上蔡县	非财政直管县产粮大县	驻马店市	驿城区	非财政直管县产粮大县
濮阳市	濮阳县	非财政直管县产粮大县	濮阳市	清丰县	非财政直管县产粮大县	濮阳市	南乐县	非财政直管县产粮大县

五　河南省风灾害区域分布

表1　　1950—2000年大风灾害对河南省各区域的严重影响频次

地区名称	受影响频次	地区名称	受影响频次	地区名称	受影响频次	地区名称	受影响频次
邓州	3	宝丰	4	博爱	1	郸城	2
辉县	1	范县	1	封丘	4	扶沟	1
郏县	1	滑县	1	淮阳	2	潢川	1
林州	3	获嘉	1	汲县	1	兰考	4
鲁山	1	临颍	1	灵宝	2	卢氏	1
民权	11	鹿邑	2	栾川	1	泌阳	1
宁陵	18	孟津	7	孟县	3	内乡	2
杞县	2	南乐	1	平舆	1	汝阳	1
睢县	8	沁阳	1	清丰	1	嵩县	2
温县	1	商水	2	上蔡	2	通许	2
新安	1	太康	1	汤阴	2	夏邑	8
鄢陵	4	武陟	4	西华	2	新郑	1
叶县	2	新县	1	郾城	3	许昌县	2
永城	12	修武	4	宜阳	2	偃师	3
长葛	3	延津	3	禹州	3	荥阳	1
柘城	4	伊川	2	镇平	1	原阳	4
中牟	2	虞城	4	正阳	1		

表2　　1950—2000年干热风灾害对河南省各区域的严重影响频次

地区名称	受影响频次	地区名称	受影响频次	地区名称	受影响频次	地区名称	受影响频次
获嘉	2	宝丰	1	邓县	1	方城	1
林县	3	滑县	1	淮阳	1	辉县	1
南乐	1	郏县	1	灵宝	1	兰考	1

续表

地区名称	受影响频次	地区名称	受影响频次	地区名称	受影响频次	地区名称	受影响频次
内乡	1	临汝	1	渑池	2	民权	15
清丰	1	孟津	2	南召	1	内黄	1
商城	1	宁陵	14	商水	1	濮阳县	1
睢县	8	汝阳	1	卫辉	1	陕县	1
舞阳	1	桐柏	1	西峡	1	嵩县	2
夏邑	10	西平	1	新县	1	尉氏	1
新郑	1	襄城	2	伊川	2	淅川	1
偃师	1	叶县	1	虞城	10	许昌县	1
荥阳	1	永城	8	镇平	1	义马	2
长葛	1	柘城	6	株洲	1	禹州	1
正阳	2						

表3　　　　1950—2000年龙卷风灾害对河南省各区域的严重影响频次

地区名称	受影响频次	地区名称	受影响频次	地区名称	受影响频次	地区名称	受影响频次
安阳县	1	宝丰	1	郸城	1	扶沟	2
固始	1	光山	1	滑县	1	淮阳	1
潢川	1	辉县	1	郏县	1	浚县	2
兰考	2	林州	1	临颍	3	鲁山	2
鹿邑	2	罗山	1	泌阳	2	渑池	1
民权	6	南乐	1	宁陵	3	汝南	1
淇县	1	杞县	1	清丰	2	睢县	3
汝州	1	汤阴	1	通许	2	尉氏	1
太康	1	舞阳	1	西平	1	夏邑	4
舞钢	1	郾城	3	偃师	1	叶县	1
鄢陵	3	虞城	1	禹州	2	原阳	2
永城	2	柘城	1	长葛	1		

六　河南省各县市小麦、玉米、棉花和花生系统性风险指标

表1　　　　　　　　　　　河南省各县市小麦系统性风险指标值

地区	R	R_{ia}	$\overline{R}$	地区	R	R_{ia}	$\overline{R}$
安阳县	0.419119	0.585117	0.415221	陕县	0.255277	0.32426	0.274127
汤阴县	0.330417	0.442521	0.28118	灵宝县	0.206897	0.252422	0.215303
滑县	0.301322	0.396014	0.266225	卢氏县	0.316452	0.420117	0.333614
内黄县	0.167634	0.19743	0.11223	民权县	0.421863	0.589451	0.359678
林县	0.293291	0.383311	0.292272	睢县	0.308528	0.407469	0.192468
浚县	0.373039	0.511331	0.256388	宁陵县	0.437597	0.614091	0.38501
淇县	0.382623	0.52679	0.311794	柘城县	0.432926	0.606815	0.378903
修武县	0.349508	0.473305	0.279255	虞城县	0.422446	0.590369	0.381803
博爱县	0.450708	0.634322	0.412509	夏邑县	0.496421	0.702028	0.419569
武陟县	0.40782	0.567185	0.332662	永城县	0.493129	0.697324	0.395103
温县	0.344922	0.465899	0.356323	新乡县	0.364752	0.497942	0.37104
泌阳县	0.407024	0.565918	0.38101	获嘉县	0.313579	0.415526	0.19282
孟县	0.317393	0.421624	0.264637	原阳县	0.335666	0.45097	0.298938
杞县	0.602194	0.834382	0.465242	延津县	0.406445	0.564995	0.336875
通许县	0.425204	0.594712	0.323768	封丘县	0.341947	0.461098	0.244902
尉氏县	0.473368	0.668497	0.406055	长垣县	0.390863	0.540049	0.343583
开封县	0.316322	0.419909	0.210928	卫辉市	0.435165	0.610306	0.407793
兰考县	0.342119	0.461375	0.246636	辉县市	0.359775	0.489897	0.361629
孟津县	0.436558	0.612475	0.38573	罗山县	0.552986	0.777686	0.497529
新安县	0.337051	0.453202	0.298606	光山县	0.437163	0.613417	0.397807
栾川县	0.271049	0.348521	0.255201	新县	0.468169	0.660754	0.409764
嵩县	0.274836	0.354398	0.283029	商城县	0.379607	0.521928	0.333284
汝阳县	0.338146	0.454967	0.324007	固始县	0.466221	0.657837	0.393252
宜阳县	0.279511	0.361683	0.264582	潢川县	0.411112	0.572426	0.342715

地区	R	R_{ia}	$\overline{R}$	地区	R	R_{ia}	$\overline{R}$
洛宁县	0.372042	0.50972	0.361188	淮滨县	0.435259	0.610452	0.331745
伊川县	0.38766	0.534899	0.338165	息县	0.433078	0.607051	0.353421
偃师县	0.36309	0.495256	0.28749	许昌县	0.478679	0.67634	0.372716
舞阳县	0.449968	0.633188	0.360614	鄢陵县	0.573385	0.802294	0.470535
临颍县	0.417864	0.583133	0.335575	襄城县	0.561303	0.787902	0.4501
南召县	0.346757	0.468862	0.35943	禹州市	0.455406	0.641496	0.425048
方城县	0.341239	0.459955	0.350931	长葛县	0.459119	0.647133	0.363606
西峡县	0.246895	0.311523	0.184361	中牟县	0.369672	0.505892	0.333998
镇平县	0.317189	0.421297	0.284358	巩义市	0.260097	0.331635	0.226075
内乡县	0.156054	0.181827	0.144708	荥阳市	0.371007	0.508049	0.349871
淅川县	0.076908	0.083028	0.066832	新密市	0.15719	0.183345	0.185258
社旗县	0.360768	0.491502	0.353888	新郑市	0.339976	0.457917	0.272996
唐河县	0.397503	0.550703	0.355308	登封市	0.304282	0.400714	0.268769
新野县	0.399963	0.554641	0.40747	扶沟县	0.461371	0.650538	0.383723
桐柏县	0.363837	0.496463	0.340591	西华县	0.453689	0.638878	0.380398
邓州市	0.378418	0.52001	0.370363	商水县	0.35657	0.484717	0.285169
宝丰县	0.401088	0.55644	0.38895	沈丘县	0.424725	0.593958	0.322133
叶县	0.397566	0.550803	0.337258	郸城县	0.295721	0.387147	0.241031
鲁山县	0.460486	0.649201	0.405324	淮阳县	0.428673	0.60016	0.340168
郏县	0.456924	0.643803	0.444142	太康县	0.510217	0.721405	0.415528
舞钢市	0.372164	0.509917	0.361806	鹿邑县	0.498538	0.705036	0.390002
汝州市	0.436703	0.612701	0.418643	项城市	0.439515	0.617069	0.310825
濮阳县	0.354555	0.48146	0.259287	西平县	0.418541	0.584204	0.32505
清丰县	0.399277	0.553544	0.31718	上蔡县	0.377042	0.517791	0.289004
南乐县	0.446177	0.627365	0.340024	平舆县	0.530158	0.748396	0.419154
范县	0.351467	0.47647	0.235474	正阳县	0.409164	0.569326	0.34675
台前县	0.252694	0.320324	0.131559	确山县	0.445965	0.627038	0.372046
义马市	0.239174	0.299892	0.263929	汝南县	0.513161	0.725468	0.418104
渑池县	0.240245	0.301499	0.240779	新蔡县	0.44816	0.630415	0.348794

表2　　　　　　　　　　河南省各县市玉米系统性风险指标值

地区	R	R_{ia}	$\overline{R}$	地区	R	R_{ia}	$\overline{R}$
安阳县	0.365397	0.498985	0.319204	渑池县	0.150578	0.174549	0.11019
汤阴县	0.078914	0.085362	0.035249	陕县	0.090439	0.098944	0.073055
滑县	0.201733	0.245011	0.139277	灵宝县	0.318937	0.424094	0.25333
内黄县	0.14254	0.163984	0.115511	卢氏县	0.018384	0.018725	0.045532
林县	0.29032	0.378629	0.22846	民权县	0.639106	0.870761	0.477219
浚县	0.187091	0.224287	0.136705	睢县	0.538369	0.759137	0.421659
淇县	0.227066	0.281861	0.165643	宁陵县	0.578592	0.808328	0.444071
修武县	0.421735	0.589248	0.35139	柘城县	0.654788	0.884592	0.473268
博爱县	0.542211	0.764084	0.404186	虞城县	0.603702	0.835973	0.443197
武陟县	0.496268	0.70181	0.39277	夏邑县	0.55633	0.781823	0.409331
温县	0.262294	0.335008	0.197784	永城县	0.635705	0.867634	0.46248
泌阳县	0.39137	0.540862	0.320615	新乡县	0.37459	0.513835	0.283139
孟县	0.274063	0.353197	0.200883	获嘉县	0.13163	0.14987	0.090484
杞县	0.556018	0.781439	0.425682	原阳县	0.129729	0.147438	0.064945
通许县	0.484719	0.685177	0.377846	延津县	0.197651	0.23919	0.163856
尉氏县	0.616932	0.84955	0.487602	封丘县	0.27709	0.357907	0.253319
开封县	0.585425	0.816091	0.424987	长垣县	0.47751	0.674619	0.347052
兰考县	0.588861	0.819928	0.461155	卫辉市	0.148612	0.171953	0.062805
孟津县	0.158558	0.185177	0.12666	辉县市	0.477311	0.674326	0.339884
新安县	0.177677	0.211193	0.13024	固始县	0.140003	0.160679	0.070344
栾川县	0.428958	0.600606	0.337393	淮滨县	0.336102	0.451672	0.219483
嵩县	0.200678	0.243503	0.155525	息县	0.344104	0.464579	0.253369
汝阳县	0.222268	0.274788	0.168055	许昌县	0.489686	0.692373	0.418731
宜阳县	0.143705	0.165507	0.108638	鄢陵县	0.42622	0.596309	0.311311
洛宁县	0.271081	0.348571	0.22366	襄城县	0.171186	0.202274	0.168422
伊川县	0.355835	0.483528	0.301777	禹州市	0.340101	0.45812	0.290289
偃师县	0.254298	0.322767	0.198913	长葛县	0.454666	0.640368	0.380512

续表

地区	R	R_{ia}	$\overline{R}$	地区	R	R_{ia}	$\overline{R}$
舞阳县	0.375429	0.515188	0.255511	中牟县	0.282906	0.36699	0.196948
临颍县	0.4749	0.670765	0.385539	巩义市	0.160579	0.18789	0.142273
南召县	0.312509	0.413817	0.190213	荥阳市	0.411446	0.572955	0.309499
方城县	0.538638	0.759485	0.427345	新密市	0.409664	0.570121	0.323474
西峡县	0.382055	0.525875	0.271858	新郑市	0.460203	0.648773	0.369752
镇平县	0.464938	0.655911	0.355692	登封市	0.352714	0.478485	0.279996
内乡县	0.366672	0.501046	0.310179	扶沟县	0.506934	0.716844	0.402487
淅川县	0.404632	0.562103	0.342725	西华县	0.448435	0.630837	0.339933
社旗县	0.359415	0.489316	0.307176	商水县	0.576868	0.806341	0.425057
唐河县	0.171208	0.202304	0.134511	沈丘县	0.530803	0.749249	0.392555
新野县	0.38355	0.528283	0.285205	郸城县	0.512686	0.724814	0.40801
邓州市	0.334228	0.448654	0.231645	淮阳县	0.500827	0.708276	0.409974
宝丰县	0.371452	0.508767	0.314813	太康县	0.547253	0.7705	0.418212
叶县	0.408671	0.568541	0.336656	鹿邑县	0.590092	0.82129	0.441853
鲁山县	0.366582	0.500899	0.300021	项城市	0.553852	0.778762	0.417766
郏县	0.493124	0.697317	0.409	西平县	0.486323	0.687508	0.370086
舞钢市	0.555792	0.78116	0.456374	上蔡县	0.513453	0.72587	0.401469
汝州市	0.203285	0.247233	0.177606	平舆县	0.488366	0.690468	0.370873
濮阳县	0.393134	0.543696	0.25322	正阳县	0.27986	0.362228	0.175715
清丰县	0.417149	0.582002	0.375524	确山县	0.534258	0.753788	0.403773
南乐县	0.403313	0.559996	0.344364	汝南县	0.448518	0.630964	0.328293
范县	0.280682	0.363512	0.172994	新蔡县	0.416158	0.580432	0.334704
台前县	0.322742	0.430192	0.164515				

表3　　　　　河南省各县市棉花系统性风险指标值

地区	R	R_{ia}	$\overline{R}$	地区	R	R_{ia}	$\overline{R}$
安阳县	0.21213	0.259986	0.29234	虞城县	0.640774	0.872278	0.614027
汤阴县	0.298028	0.390796	0.357846	夏邑县	0.641105	0.872578	0.583291
滑县	0.356744	0.484998	0.378304	永城县	0.620143	0.852743	0.560306
内黄县	0.420898	0.587928	0.402689	新乡县	0.331107	0.443631	0.392287
林县	0.029655	0.030547	0.036988	原阳县	0.169524	0.200005	0.105907
泌阳县	0.258014	0.328443	0.248284	延津县	0.408256	0.56788	0.393809
孟县	0.238019	0.298161	0.283614	封丘县	0.425584	0.595309	0.463858
杞县	0.704053	0.921868	0.595317	长垣县	0.389559	0.537952	0.426822
通许县	0.691048	0.912917	0.615758	卫辉市	0.334146	0.448523	0.234477
尉氏县	0.643215	0.874478	0.605434	淮滨县	0.190479	0.229044	0.285317
开封县	0.538129	0.758827	0.548742	息县	0.487319	0.688951	0.394023
兰考县	0.714337	0.928509	0.560383	许昌县	0.36989	0.506244	0.402995
舞阳县	0.411587	0.573179	0.382071	禹州市	0.306294	0.403912	0.387414
临颍县	0.432586	0.606284	0.406906	长葛县	0.451876	0.63611	0.510069
方城县	0.276638	0.357203	0.421791	中牟县	-0.1417	-0.12317	0.045817
镇平县	0.318307	0.423086	0.459268	扶沟县	0.67924	0.904244	0.545695
内乡县	0.369071	0.504922	0.355834	西华县	0.725891	0.935522	0.595433
社旗县	0.413752	0.576617	0.511322	商水县	0.603491	0.83575	0.566705
唐河县	0.40598	0.564253	0.501086	沈丘县	0.482559	0.682027	0.386954
新野县	0.273257	0.351946	0.259816	郸城县	0.620382	0.852978	0.607056
邓州市	0.407233	0.566252	0.435169	淮阳县	0.688964	0.911425	0.594548
汝州市	0.13514	0.154383	0.063826	太康县	0.644074	0.875247	0.552183
濮阳县	0.467738	0.660108	0.423014	鹿邑县	0.540566	0.761972	0.561022
清丰县	0.152033	0.176477	0.319568	项城市	0.458356	0.645977	0.523484
南乐县	0.724044	0.934432	0.583686	上蔡县	0.360474	0.491027	0.455659
灵宝县	0.348041	0.470935	0.366822	平舆县	0.45945	0.647634	0.392724
民权县	0.555834	0.781212	0.550157	正阳县	0.276574	0.357104	0.232186
睢县	0.651061	0.881392	0.563649	汝南县	0.441283	0.61981	0.471654
宁陵县	0.611587	0.844148	0.563888	新蔡县	0.466504	0.658262	0.554437
柘城县	0.621173	0.853758	0.589548				

表4   河南省各县市花生系统性风险指标值

地区	R	R_{ia}	$\overline{R}$	地区	R	R_{ia}	$\overline{R}$
汤阴县	0.443009	0.622479	0.330767	夏邑县	0.626601	0.859038	0.466976
滑县	0.490989	0.694251	0.299079	永城县	0.352384	0.477952	0.265888
内黄县	0.476882	0.673693	0.365122	新乡县	0.182898	0.218432	0.145877
林县	0.147377	0.170326	0.218546	原阳县	0.325299	0.434296	0.247146
修武县	0.333548	0.447559	0.26331	延津县	0.312097	0.41316	0.254038
武陟县	0.436317	0.612101	0.388988	封丘县	0.23646	0.295828	0.126179
温县	0.04011	0.04175	0.091693	长垣县	0.494491	0.699273	0.37154
泌阳县	0.554851	0.779999	0.451705	卫辉市	0.16982	0.200408	0.147454
孟县	0.228932	0.284622	0.245854	辉县市	0.288617	0.375949	0.305926
杞县	0.566801	0.794518	0.383048	罗山县	0.008968	0.009049	0.093939
通许县	0.558717	0.784752	0.366646	光山县	0.464835	0.655756	0.370884
尉氏县	0.60847	0.840946	0.486353	新县	0.398696	0.552612	0.306976
开封县	0.49305	0.697211	0.348655	商城县	0.194957	0.235366	0.132487
兰考县	0.536392	0.756572	0.415572	固始县	0.082811	0.089922	0.124424
嵩县	0.241978	0.304105	0.228792	潢川县	0.258223	0.328763	0.226945
汝阳县	0.284463	0.369429	0.292603	淮滨县	0.20811	0.25417	0.192039
宜阳县	0.324512	0.433032	0.340235	息县	0.107194	0.119208	0.105715
伊川县	0.241754	0.303767	0.225911	许昌县	0.357684	0.486518	0.372848
偃师县	0.271363	0.349007	0.251907	襄城县	0.315059	0.41789	0.249453
南召县	0.297223	0.389522	0.249136	禹州市	0.203063	0.246915	0.226694
方城县	0.191507	0.230491	0.227032	长葛县	0.453697	0.63889	0.350122
镇平县	0.414289	0.577469	0.28567	中牟县	0.253267	0.321195	0.168548
内乡县	0.310572	0.410727	0.207125	巩义市	0.195181	0.235684	0.232294

地区	R	R_{ia}	$\overline{R}$	地区	R	R_{ia}	$\overline{R}$
淅川县	0.119919	0.135012	0.144724	荥阳市	0.0107	0.010815	0.084655
社旗县	0.469074	0.662106	0.344796	新密市	0.303908	0.400119	0.315114
唐河县	0.551068	0.775295	0.399487	新郑市	0.362869	0.494898	0.2883
新野县	0.307555	0.40592	0.222528	登封市	0.045473	0.047585	0.117853
桐柏县	0.240663	0.302128	0.226063	扶沟县	0.582757	0.813081	0.420827
邓州市	0.472992	0.667938	0.349568	西华县	0.592813	0.824283	0.44529
宝丰县	0.257755	0.328047	0.277276	商水县	0.435005	0.610058	0.376887
叶县	0.008233	0.008301	0.080766	沈丘县	0.416843	0.581518	0.267746
鲁山县	0.286113	0.372016	0.217518	郸城县	0.518341	0.732552	0.324192
郏县	0.303413	0.399333	0.30863	淮阳县	0.599619	0.831643	0.390992
汝州市	0.241793	0.303826	0.278375	太康县	0.528563	0.746284	0.401872
濮阳县	0.29947	0.393079	0.22776	鹿邑县	0.536847	0.757163	0.417754
清丰县	0.435659	0.611075	0.299959	项城市	0.434478	0.609235	0.388253
南乐县	0.534277	0.753813	0.379735	西平县	0.471414	0.665593	0.385054
范县	0.44005	0.617899	0.372431	上蔡县	0.514819	0.727745	0.41196
民权县	0.566573	0.794246	0.384689	平舆县	0.490348	0.693327	0.375895
睢县	0.578511	0.808235	0.466625	正阳县	0.512152	0.724078	0.378803
宁陵县	0.578025	0.807676	0.454301	确山县	0.387225	0.5342	0.405737
柘城县	0.412795	0.575099	0.26398	汝南县	0.556531	0.782071	0.463801
虞城县	0.579579	0.80946	0.410128	新蔡县	0.48094	0.679658	0.363919

七 河南省主要农作物风险区划
指标体系（以小麦为例）

小麦地市级风险区划指标		小麦县级风险区划指标	
指标名称	符号	指标名称	符号
单产的相对水平	E_i	单产的相对水平	E_i
单产平均减产率	$\overline{X}_i$	单产平均减产率	$\overline{X}_i$
单产减产率的标准差	S_i	单产减产率的标准差	S_i
单产减产率小于 -10% 的年份比重	k/n	单产减产率小于 -10% 的年份比重	k/n
规模指数	C_i	规模指数	C_i
农作物成灾面积比重	V_i	自然灾害对小麦影响频率	f
平均有效灌溉面积	W_i		
平均机电灌溉面积	Z_i		
平均旱涝保收面积	M_i		
农业保险平均赔付率	F_i		

注：表中 k 为 n 年中小麦单产减产率小于 -10% 的年份数。自然灾害对四种主要农作物的影响频率由第四章的相应数据汇总计算得到。

八　河南省玉米、棉花与花生费率分区结果

表1　　　　　　　河南省各县市玉米保险纯费率及费率分区

地区	s	Q	h	费率 R（%）	费率归属区域	区域费率（%）
安阳县	36.60922	71.43775	17.44981	2.226168	1	
汤阴县	39.88986	41.35008	14.70862	2.674835	1	2.4363
滑县	48.02159	99.05314	22.88953	2.408035	1	
内黄县	36.04796	58.72049	17.18229	2.586916	2	2.586916
修武县	40.54139	27.9599	9.945602	2.803951	3	
博爱县	39.50546	71.70963	18.83031	2.549556	3	2.9289
武陟县	56.96149	89.22349	27.15073	3.724746	3	
孟县	36.33542	45.59414	16.21827	2.637268	3	
中牟县	37.53049	50.72554	17.88894	2.945078	4	2.945078
清丰县	38.16939	46.29631	16.46804	2.614586	5	3.03766
南乐县	49.69095	38.63523	13.74292	3.460737	5	
偃师县	40.91908	68.47984	19.50411	3.060019	6	3.060019
新乡县	38.31421	71.38077	18.2625	2.419531	7	
获嘉县	50.61262	78.77663	24.12454	5.312701	7	
延津县	26.92522	23.19155	8.249455	2.427347	7	3.2125
封丘县	36.65149	60.62954	17.46996	3.452545	7	
卫辉市	38.71265	64.44907	18.45241	2.580607	7	
辉县市	50.51142	104.1681	24.07631	3.082005	7	
荥阳市	50.80167	91.32702	24.21465	3.525126	8	
新密市	28.75676	34.40368	12.23772	4.343757	8	3.413
新郑市	24.17762	23.73469	8.442654	2.370082	8	
许昌县	35.85745	56.70585	17.09148	3.255087	9	
鄢陵县	45.07288	67.07311	21.48402	4.049829	9	3.6934
长葛县	45.9408	58.87342	20.94183	3.775175	9	
浚县	62.57769	80.71925	28.7126	4.041145	10	3.7776
淇县	63.68412	112.3329	30.35508	3.514044	10	

续表

地区	s	Q	h	费率 R（％）	费率归属区域	区域费率（％）
宝丰县	35.88677	37.63242	13.38621	5.241724	11	
叶县	53.91566	65.89964	23.44113	4.662274	11	
鲁山县	32.24654	26.91511	9.573961	4.402096	11	4.793
郏县	47.71486	61.34384	21.82059	4.383822	11	
汝州市	49.86354	57.42854	20.42788	5.27523	11	
舞钢市	54.85901	53.57783	19.05814	4.957263	12	4.957263
温县	72.3673	100.1225	34.49393	5.062886	13	5.062886
林县	61.04329	101.4146	29.09633	5.203124	14	5.203124
原阳县	51.65425	67.30047	23.93942	4.508531	15	5.2298
长垣县	73.67745	97.90753	34.82664	5.951044	15	
南召县	64.93514	86.05019	30.60887	4.24247	16	
方城县	72.89242	84.00218	29.88037	6.545346	16	
西峡县	53.21339	78.78713	25.3642	5.136926	16	
镇平县	47.72963	70.56187	22.75036	4.592893	16	
内乡县	39.44818	59.30301	18.803	4.299104	16	
淅川县	61.01998	96.4551	29.08522	5.040404	16	5.2684
社旗县	97.30637	129.2663	45.98124	6.482324	16	
唐河县	55.64266	51.26369	18.23498	6.1791	16	
新野县	38.98281	58.99343	18.58119	4.082199	16	
邓州市	85.15669	115.0508	40.59	6.083524	16	
杞县	56.26549	68.70503	24.43903	5.847419	17	
通许县	54.70535	48.48373	17.24612	5.055649	17	
尉氏县	47.16441	71.58595	22.48095	4.030186	17	5.4525
开封县	68.9934	49.91327	17.75462	6.293166	17	
兰考县	56.8084	68.0771	24.21567	6.036084	17	
濮阳县	83.84992	143.329	39.96712	5.555858	18	5.555858
襄城县	64.11952	115.5159	30.56261	6.319412	19	5.6628
禹州市	56.41503	66.98959	23.82883	5.00626	19	
民权县	82.85852	122.1959	39.49457	5.482188	20	
睢县	63.7752	94.53575	30.3985	4.581611	20	5.7071
宁陵县	73.35793	101.3175	34.96611	4.97785	20	

续表

地区	s	Q	h	费率 R（%）	费率归属区域	区域费率（%）
柘城县	86.95751	136.3726	41.44836	6.011387	20	
虞城县	101.197	167.123	48.23562	6.102932	20	
夏邑县	103.0886	145.6519	49.13723	6.845071	20	5.7071
永城县	108.2185	197.6528	51.58244	5.94861	20	
舞阳县	93.31868	123.5854	43.9605	7.224105	21	
临颍县	56.12474	90.94055	26.7519	4.758906	21	5.9915
西平县	149.0554	125.8465	44.76481	6.144368	22	6.144368
西华县	63.36523	104.2082	30.20309	7.841156	23	
商水县	99.03533	147.5756	47.20526	6.514849	23	
太康县	68.31609	67.85308	24.13598	6.357157	23	6.6994
鹿邑县	100.8827	178.7654	48.08579	6.358814	23	
项城市	93.80749	97.90545	34.8259	6.425033	23	
固始县	62.02496	92.2964	29.56424	6.840664	24	6.840664
渑池县	94.45075	136.8483	45.02002	7.65531	25	7.65531
扶沟县	55.50714	65.77586	23.3971	6.749553	26	
沈丘县	96.88358	102.5616	36.48214	8.908851	26	7.761
郸城县	85.38384	96.29262	34.2522	7.112309	26	
淮阳县	75.24621	95.56607	33.99376	8.273228	26	
孟津县	47.99734	54.43267	19.36222	8.132724	27	
新安县	81.74575	129.6192	38.96417	8.946271	27	
栾川县	90.01817	160.9828	42.90723	8.532473	27	
嵩县	88.55614	155.7585	42.21035	8.748362	27	
汝阳县	47.38582	51.79389	18.42358	6.915496	27	7.9604
宜阳县	69.59161	98.11692	33.17089	9.107611	27	
洛宁县	109.5056	172.9648	52.19591	7.956384	27	
伊川县	52.14869	105.9853	24.85671	5.344116	27	
范县	95.57023	140.8903	45.55362	6.791019	28	
台前县	95.30197	139.3348	45.42575	9.731884	28	8.2615
陕县	77.58623	119.6571	36.98153	10.18108	29	
灵宝县	63.55646	94.8435	30.29423	6.027717	29	8.3359
卢氏县	49.62883	61.06851	21.72265	8.79902	29	

续表

地区	s	Q	h	费率 R（%）	费率归属区域	区域费率（%）
上蔡县	81.44174	91.48393	32.5417	8.286231	30	
平舆县	95.12969	80.8044	28.74289	8.104811	30	8.3692
汝南县	78.72746	87.85925	31.25237	8.614773	30	
新蔡县	79.83925	74.40187	26.46545	8.471104	30	
巩义市	41.39246	48.84381	17.37421	7.016757	31	8.4646
登封市	55.28864	49.2883	17.53232	9.912523	31	
正阳县	81.678	102.4959	36.45878	9.821304	32	
确山县	76.94935	112.7583	36.67796	8.011808	32	8.6366
泌阳县	88.66323	136.8682	42.26139	8.076779	32	
息县	70.11158	92.16568	32.78421	9.450672	33	9.450672
淮滨县	66.31445	79.72327	28.35832	11.4536	34	11.4536

表2　　　　　　　　　河南省各县市棉花保险纯费率及费率分区

地区	s	Q	h	费率 R（%）	费率归属区域	区域费率（%）
孟县	7.803762	10.68862	3.719669	4.475209	1	4.475209
许昌县	7.346658	9.974194	3.50179	5.692548	2	
禹州市	7.587411	10.24884	3.616545	4.605634	2	4.7747
长葛县	6.287687	8.826235	2.997031	4.025879	2	
安阳县	10.37274	18.95428	4.944172	5.097941	3	5.097941
汤阴县	16.0814	23.00117	7.665212	5.397243	4	
滑县	11.43166	11.61341	4.130999	5.590865	4	5.2952
内黄县	11.27496	24.70788	5.374217	6.459087	4	
灵宝县	9.23717	14.36952	4.402904	5.353065	5	5.353065
新乡县	16.39431	16.74613	5.956758	5.823158	6	5.823158
商水县	11.22356	17.98091	5.349718	6.15718	7	6.15718
新野县	11.02326	11.21175	3.988125	6.475104	8	6.475104
延津县	12.49192	8.662675	3.081396	6.610372	9	6.610372
林县	10.46644	11.33852	4.033218	6.635528	10	6.635528
汝州市	7.943813	6.756103	2.40321	6.990174	11	6.990174
上蔡县	10.58164	13.43869	4.780271	6.212879	12	7.0712
平舆县	12.74484	32.55033	6.07484	6.505175	12	

地区	s	Q	h	费率 R（%）	费率归属区域	区域费率（%）
泌阳县	12.24015	17.75487	5.834278	8.495596	12	7.0712
方城县	15.29168	15.93565	5.668463	7.038426	13	
镇平县	13.01112	15.85933	5.641315	7.167212	13	
内乡县	11.74316	10.49957	3.734797	6.908692	13	7.1093
社旗县	12.94409	14.20114	5.051481	8.218877	13	
唐河县	12.41837	12.0265	4.277939	6.741969	13	
邓州市	11.41317	11.72467	4.170577	6.580556	13	
正阳县	15.85182	18.39066	6.541731	8.122329	14	
汝南县	16.19694	30.16509	7.720283	5.85025	14	7.3901
新蔡县	17.24362	25.95921	8.219186	8.197618	14	
临颍县	11.42012	17.97191	5.44341	7.429095	15	7.429095
杞县	17.65181	18.77034	6.676787	7.648968	16	
通许县	14.56402	13.90897	4.947554	7.524337	16	7.809
尉氏县	13.35881	15.31435	5.447459	8.253829	16	
中牟县	11.54542	21.46123	5.503131	8.505212	17	8.505212
淮滨县	22.2849	19.46538	6.924022	10.13572	18	8.5699
息县	16.39427	32.25581	7.814341	7.004016	18	
开封县	17.85026	24.68874	8.508338	9.255324	19	8.9368
兰考县	16.11794	18.86059	6.70889	8.618359	19	
封丘县	15.48863	17.91259	6.37168	5.099558	20	
长垣县	18.1682	27.70901	8.659888	6.428933	20	8.9423
卫辉市	16.83671	20.03598	7.126988	15.94151	20	
沈丘县	22.63779	26.59536	9.460221	8.299252	20	
民权县	17.31089	20.21441	7.190459	7.943361	21	
睢县	18.37808	18.29203	6.506648	8.201367	21	
宁陵县	18.42777	16.12196	5.734733	7.675168	21	
柘城县	20.05794	27.23115	9.560633	10.65575	21	9.007
虞城县	19.14237	22.37411	7.958682	9.223087	21	
夏邑县	19.41663	21.90944	7.793395	10.02383	21	
永城县	16.74538	22.25179	7.915172	9.326125	21	
扶沟县	15.54242	17.33514	6.166274	10.12431	22	9.0652
太康县	16.82485	20.84202	7.413705	8.006069	22	

续表

地区	s	Q	h	费率 R（%）	费率归属区域	区域费率（%）
西华县	16.04738	9.588553	3.41074	7.913799	23	9.2216
淮阳县	17.17315	20.0652	7.137383	10.52938	23	
濮阳县	14.10871	12.313	4.379853	7.589498	24	9.482
清丰县	11.79526	15.88368	5.622219	8.051757	24	
南乐县	14.83281	23.31045	7.07007	12.80465	24	
舞阳县	17.53356	32.09635	8.357383	9.792649	25	9.792649
原阳县	10.66626	19.96794	5.084082	10.59458	26	10.59458
郸城县	22.2138	20.57106	7.317323	11.94766	27	10.6819
鹿邑县	25.11576	27.17666	9.666994	13.12218	27	
项城市	19.9197	22.34509	7.948362	6.975896	27	

表3　　　　河南省各县市花生保险纯费率及费率分区

地区	s	Q	h	费率 R（%）	费率归属区域	区域费率（%）
长葛县	13.34332	19.36424	6.471753	2.130053	1	2.130053
滑县	28.64601	55.1211	13.89383	2.586308	2	2.586308
延津县	34.36701	55.29613	16.66862	3.329974	3	3.329974
原阳县	38.74398	70.86445	18.79153	3.392399	4	3.392399
修武县	23.09041	36.53922	11.19927	4.167204	5	4.1505
武陟县	64.91977	82.49181	29.85823	5.020414	5	
温县	43.97014	64.60782	21.32631	3.860445	5	
孟县	41.01635	76.19289	19.89367	3.553934	5	
中牟县	74.02715	135.8107	35.90451	4.942919	6	4.6
荥阳市	30.95186	56.78269	15.01221	4.256997	6	
新密市	47.82567	45.90148	16.61422	3.940319	6	
新郑市	58.43353	96.3678	28.34132	5.259759	6	
南召县	45.92865	82.04007	22.27623	4.118139	7	4.6229
方城县	59.85486	114.1412	29.03069	4.692116	7	
镇平县	32.36678	35.58478	12.88005	5.305689	7	
内乡县	70.66115	33.88488	12.26476	3.764321	7	
淅川县	51.8858	148.2672	25.16555	4.962602	7	
唐河县	66.38109	99.40598	32.19603	5.823782	7	

地区	s	Q	h	费率 R（%）	费率归属区域	区域费率（%）
新野县	38.85057	48.7384	17.64105	3.627948	7	4.6229
邓州市	52.89231	103.0472	25.65373	4.688804	7	
新乡县	40.55691	77.16511	19.67084	3.346859	8	4.636
封丘县	46.95455	86.70972	22.77381	5.394653	8	
卫辉市	50.40088	89.23801	24.44534	4.483823	8	
辉县市	28.06621	44.62725	13.61262	5.31868	8	
濮阳县	51.32003	66.96471	24.23813	5.381819	9	4.7241
清丰县	49.32087	79.51728	23.92151	3.906225	9	
南乐县	45.07068	68.61648	21.8601	4.884347	9	
新县	87.17697	179.9497	42.28241	4.762944	10	4.762944
宝丰县	43.5385	71.64054	21.11696	4.339677	11	4.8888
叶县	32.47105	39.10527	14.1543	5.408161	11	
鲁山县	27.4131	30.84978	11.1662	5.290554	11	
郏县	31.54544	47.86101	15.30011	3.700036	11	
汝州市	58.20432	77.65604	28.1079	5.705605	11	
许昌县	21.148	24.94574	9.029206	3.913086	12	4.9587
襄城县	33.39742	45.44442	16.19835	6.076683	12	
禹州市	27.89001	14.16267	5.126231	4.886379	12	
睢县	51.45684	87.94243	24.9575	4.404128	13	5.0204
虞城县	54.82079	86.44637	26.58908	5.636595	13	
汤阴县	42.02217	78.05526	20.38151	5.069846	14	5.0839
内黄县	65.95764	116.7306	31.99065	4.372634	14	
林县	20.32643	18.1401	6.565877	5.809116	14	
桐柏县	38.43109	69.36824	18.63978	5.474344	15	5.474344
罗山县	30.4764	38.45609	13.91933	4.314302	16	5.6269
光山县	32.17445	48.1852	15.60519	5.107888	16	
商城县	49.06231	103.1701	23.79611	6.551397	16	
固始县	53.55565	113.5261	25.97546	5.629649	16	
潢川县	37.82057	61.22534	18.34366	5.411639	16	
息县	35.70287	48	17.31654	6.746378	16	
宜阳县	94.7095	167.891	45.93582	5.723744	17	5.723744

续表

地区	s	Q	h	费率R（%）	费率归属区域	区域费率（%）
民权县	64.15009	130.9754	31.11396	6.116806	18	
宁陵县	66.51817	75.01043	27.15031	5.96544	18	5.9309
永城县	62.05518	108.5581	30.09789	5.710536	18	
正阳县	46.3696	41.23154	14.92391	6.076628	19	6.076628
偃师县	23.89453	20.91854	7.571547	6.089592	20	6.089592
范县	90.61399	142.9497	43.94943	6.42783	21	6.42783
嵩县	44.33389	86.92515	21.50274	6.584023	22	
汝阳县	45.01356	61.12161	21.83239	6.410649	22	6.5198
伊川县	72.14635	125.8231	34.99229	6.56463	22	
社旗县	97.5761	124.0435	44.89802	6.529181	23	6.529181
尉氏县	77.99048	143.6269	37.8268	5.519852	24	
开封县	39.97284	62.1507	19.38755	6.454063	24	6.76
兰考县	54.0858	90.21161	26.23259	8.306134	24	
泌阳县	53.8649	61.78755	22.36424	7.12525	25	
西平县	51.30723	87.05431	24.88494	6.047084	25	
上蔡县	55.50469	96.96558	26.92078	7.811226	25	
平舆县	46.40477	32.43757	11.7409	7.118778	25	6.8099
确山县	47.26747	60.62141	21.94215	6.857153	25	
汝南县	55.17116	69.66432	25.21527	6.069852	25	
新蔡县	55.4174	66.57862	24.09839	6.640024	25	
扶沟县	63.03755	86.31667	30.57435	6.826899	26	
西华县	49.58996	69.4835	24.05203	6.100419	26	
商水县	58.83111	100.0905	28.53415	4.362546	26	
淮阳县	76.20893	120.0733	36.96271	6.822002	26	6.9759
太康县	68.5504	84.48593	30.58001	9.944181	26	
鹿邑县	58.57206	55.2006	19.98007	7.456955	26	
项城市	49.29293	72.34343	23.90796	7.318132	26	
淮滨县	62.9531	98.30648	30.53339	7.264479	27	7.264479
柘城县	51.79365	89.26344	25.12086	7.252072	28	
夏邑县	52.3593	67.84376	24.55631	7.474876	28	7.3635
杞县	79.03889	164.1727	38.33529	8.79828	29	7.7666

地区	s	Q	h	费率 R（%）	费率归属区域	区域费率（%）
通许县	61.06224	111.8185	29.61629	6.734852	29	7.666
长垣县	51.59677	120.759	25.02537	7.772934	30	7.772934
巩义市	30.2118	39.82694	14.41551	8.34749	31	8.34749
登封市	28.96589	21.94058	7.941477	8.3532	32	8.3532
沈丘县	73.51384	76.51529	27.695	11.11144	33	10.7995
郸城县	56.66896	89.5181	27.48547	10.48753	33	

参考文献

［1］ 柏正杰：《农民收入对农业保险需求的影响分析——基于甘肃省黄土高原区 1028 户农户的调查数据》，《甘肃社会科学》2012 年第 4 期。

［2］ 曹冰玉、詹德平：《逆选择、道德风险与农业保险经营主体创新》，《长沙理工大学学报》（社会科学版）2009 年第 2 期。

［3］ 曹承承：《浙江省农户农业保险需求意愿研究》，硕士学位论文，浙江工商大学，2010 年。

［4］ 晁娜娜、杨汭华：《耕地规模、农业保险认知及其潜在需求的多样化——基于全国 6492 个粮食种植户的考察》，《财经科学》2017 年第 5 期。

［5］ 陈华：《农户购买小额保险意愿影响因素研究——来自广东两个县的证据》，《保险研究》2009 年第 5 期。

［6］ 陈丽、王军：《新疆棉花种植风险分区域评估及保险费率厘定》，《中国棉花》2011 年第 12 期。

［7］ 陈平、陶建平、赵玮：《基于风险区划的农作物区域产量保险费率厘定研究——以湖北中稻县级区域产量保险为例》，《自然灾害学报》2013 年第 2 期。

［8］ 陈新建、陶建平：《基于风险区划的水稻区域产量保险费率研究》，《华中农业大学学报》（社会科学版）2008 年第 4 期。

［9］ 陈妍、凌远云、陈泽育等：《农业保险购买意愿影响因素的实证研究》，《农业技术经济》2007 年第 2 期。

［10］ 崔海蓉、张京波、何建敏：《基于 WT—SVM—非参数方法的农业保险费率研究——以山东省棉花保险为例》，《西安电子科技大学学报》（社会科学版）2013 年第 2 期。

［11］ 邓国、李世奎：《中国省级粮食产量的风险区划研究》，《南京气象学院学报》2002 年第 3 期。

［12］邓国、王昂生：《粮食生产风险水平的概率分布计算方法》，《南京气象学院学报》2002 年第 4 期。

［13］丁少群、林攀：《农作物区域产量保险风险区划及费率精算研究》，载《中国农业保险发展报告》，中国农业出版社 2012 年版。

［14］丁少群、庹国柱：《国外农业保险发展模式及扶持政策》，《世界农业》1997 年第 8 期。

［15］丁少群：《我国农业保险的发展需要风险区划》，《中国集体经济》2009 年第 27 期。

［16］杜鹏：《农户农业保险需求的影响因素研究》，《农业经济问题》2011 年第 11 期。

［17］方伶俐：《中国农业保险需求与补贴问题研究》，博士学位论文，华中农业大学，2008 年。

［18］冯晶：《基于小波分析的作物区域产量保险费率厘定研究》，硕士学位论文，中国海洋大学，2014 年。

［19］谷政、江惠坤、褚保金：《农业保险费率厘定的小波—非参数统计方法及其实证分析》，《系统工程》2009 年第 8 期。

［20］谷政、褚保金、江惠坤：《非平稳时间序列分析的 Wavelet—Arma 组合方法及其应用》，《系统工程》2010 年第 1 期。

［21］郭忠义：《农业风险区划的必要性与可行性》，《中国保险》2010 年第 4 期。

［22］胡文忠、杨油华：《农户对生猪保险需求行为的实证研究——以北京市为例》，《农业展望》2011 年第 2 期。

［23］黄亚林：《传统农业大县的农业保险需求与供给——湖南省武冈市的案例》，《海南金融》2013 年第 2 期。

［24］黄颖：《河南省农业保险财政补贴绩效评价》，《信阳农林学院学报》2014 年第 4 期。

［25］惠莉、刘荣茂、陆莹莹：《农户对农业保险需求的实证分析——以江苏省涟水县为例》，《灾害学》2008 年第 3 期。

［26］李青松、邓素君、徐国劲等：《河南省粮食产量波动特征及影响因素分析》，《中国农学通报》2015 年第 18 期。

［27］李文芳、方伶俐：《农作物县域产量保险风险区划实证研究》，《生态经济》2013 年第 11 期。

［28］李文芳、徐勇、方伶俐：《湖北水稻区域产量保险合同设计研究》，《湖北工业大学学报》2009 年第 6 期。

［29］李文芳：《湖北水稻区域产量保险精算研究》，博士学位论文，华中农业大学，2009 年。

［30］李文芳：《基于非参数核密度法的农作物区域产量保险费率厘定研究》，《生态经济》2012 年第 4 期。

［31］李永、孙越芹、夏敏：《小麦保险费率厘定：基于小波分析与非参数估计法》，《预测》2011 年第 4 期。

［32］梁来存：《核密度法厘定我国粮食保险纯费率的实证研究》，《南京农业大学学报》（社会科学版）2009 年第 4 期。

［33］梁来存：《我国粮食保险纯费率厘定方法的比较与选择》，《数量经济技术经济研究》2011 年第 2 期。

［34］梁来存：《我国粮食作物保险风险区划的实证研究》，《山西财经大学学报》2010 年第 1 期。

［35］梁来存：《我国粮食作物的保险风险区划及其 Probit 排序选择模型验证》，《经济经纬》2009 年第 6 期。

［36］林攀：《四川乐山市油菜区域产量保险风险区划及费率精算研究》，硕士学位论文，西南财经大学，2011 年。

［37］刘长标：《农作物区域产量保险的精算研究》，博士学位论文，中国人民大学，2000 年。

［38］刘妍、卢亚娟：《农村小额保险购买意愿影响因素的实证研究》，《经济理论与经济管理》2011 年第 5 期。

［39］刘会玉、林振山、张明阳：《近 50 年江苏省粮食产量变化的小波分析》，《长江流域资源与环境》2005 年第 5 期。

［40］刘宁：《河南省农业保险发展问题研究》，《河南农业科学》2013 年第 8 期。

［41］刘荣花、朱自玺、方文松等：《华北平原冬小麦干旱灾损风险区划》，《生态学杂志》2006 年第 9 期。

［42］刘锐金：《湖北省县级水稻产量保险的费率厘定》，硕士学位论文，华中农业大学，2009 年。

［43］刘世强、陈爱东：《农作物系统风险实证研究》，《中国海洋大学学报》（社会科学版）2008 年第 1 期。

[44] 刘小雪、申双和、刘荣花：《河南夏玉米产量灾损的风险区划》，《中国农业气象》2013 年第 5 期。

[45] 刘渝琳、陈玲、滕洋洋：《农民参与农业保险意愿影响因素的理论与实证分析——基于重庆市的样本调查》，《重庆理工大学学报》（社会科学版）2012 年第 1 期。

[46] 马述忠、刘梦恒：《农业保险促进农业生产率了吗？——基于中国省际面板数据的实证检验》，《浙江大学学报》（人文社会科学版）2016 年第 6 期。

[47] 马文杰、冯中朝：《中国油菜生产风险评估与分区》，《农村公共品投入的技术经济问题——中国农业技术经济研究会 2008 年学术研讨会论文集》，2008 年 8 月。

[48] 宁满秀、邢鹂、钟甫宁：《影响农户购买农业保险决策因素的实证分析——以新疆玛纳斯河流域为例》，《农业经济问题》2005 年第 6 期。

[49] 欧阳越秀、李贞玉：《逆向选择、系统性风险与政策性农业保险可持续发展》，《保险研究》2010 年第 4 期。

[50] 彭可茂、席利卿、彭开丽：《农户水稻保险支付意愿影响因素的实证研究——基于广东 34 地 1772 户农户的经验数据》，《保险研究》2012 年第 4 期。

[51] 裴雷、姚海鑫：《农业保险领域犯罪的经济学分析——基于 142 个判例的研究》，《保险研究》2016 年第 10 期。

[52] 石晓军、郭金龙：《城镇化视野下我国农业保险发展的若干思考》，《保险研究》2013 年第 8 期。

[53] 石忆邵、朱卫锋：《中国城镇化的地域组织模式及其发展研究》，《中国工业经济》2004 年第 10 期。

[54] 孙春甫：《河南省农业保险发展状况、存在的问题及对策研究》，《当代经济》2012 年第 15 期。

[55] 孙维伟：《农业保险发展影响因素的再思考——基于人保财险在各省市的面板数据》，《保险职业学院学报》2014 年第 1 期。

[56] 庹国柱、朱俊生：《完善我国农业保险制度需要解决的几个重要问题》，《保险研究》2014 年第 2 期。

[57] 庹国柱、丁少群：《论农作物保险区划及其理论根据》，《当代经济

科学》1994 年第 3 期。

[58] 庹国柱、丁少群：《农作物保险风险分区和费率分区问题的探讨》，《中国农村经济》1994 年第 8 期。

[59] 庹国柱、王国军：《中国农业保险与农村社会保障制度研究》，首都经贸大学出版社 2002 年版。

[60] 王步天、林乐芬：《政策性农业保险供给评价及影响因素——基于江苏省 2300 户稻麦经营主体的问卷调查》，《财经科学》2016 年第 10 期。

[61] 王德宝、王国军：《我国农业保险的发展成就、存在问题及对策建议》，《上海保险》2014 年第 6 期。

[62] 王国军、赵小静、袁伟彦：《城镇化与农业保险关系的实证研究》，《金融与经济》2015 年第 10 期。

[63] 王国军、王冬妮、陈璨：《我国农业保险不对称信息实证研究》，《保险研究》2017 年第 1 期。

[64] 王克、张峭：《我国推行农作物区域指数保险的效果研究》，载《中国农业保险发展报告》，中国农业出版社 2012 年版。

[65] 王克：《农作物单产分布对农业保险费率厘定的影响》，硕士学位论文，中国农业科学院，2008 年。

[66] 王丽红、杨讷华、田志宏等：《非参数核密度法厘定玉米区域产量保险费率研究——以河北安国市为例》，《中国农业大学学报》2007 年第 1 期。

[67] 王勤、姚志国、刘会斌等：《广元市主要农作物单产风险评估及区划》，《安徽农业科学》2011 年第 13 期。

[68] 王韧：《我国农业保险发展影响因素的实证分析》，《北京工商大学学报》（社会科学版）2012 年第 6 期。

[69] 王伟、田杰、杜军等：《政策性农业保险试点省份农户参保意愿实证研究——以河南为例》，《金融理论与实践》2010 年第 1 期。

[70] 王育宪等译：《非寿险精算基础》，中国金融出版社 1992 年版。

[71] 王志春、胡桂杰：《赤峰市主要农作物产量风险评估及区划》，《内蒙古气象》2002 年第 4 期。

[72] 魏津瑜、苏思沁：《基于小波分析的城市需水量预测研究》，《水资源研究》2013 年第 1 期。

[73] 吴利红、毛裕定、苗长明等：《浙江省晚稻生产的农业气象灾害风险分布》，《中国农业气象》2007 年第 2 期。

[74] 谢玉梅、赵海蕾、高娇：《指数保险有效性实证分析》，《财经理论与实践》2014 年第 6 期。

[75] 谢玉梅：《系统性风险、指数保险与发展中国家实践》，《财经论丛》2012 年第 2 期。

[76] 邢鹏、高涛、吕开宇等：《北京市瓜蔬类作物生产风险区划研究》，《中国农业资源与区划》2008 年第 6 期。

[77] 邢鹏、钟甫宁：《粮食生产与风险区划研究》，《农业技术经济》2006 年第 1 期。

[78] 邢鹏：《中国种植业生产风险与政策性农业保险研究》，博士学位论文，南京农业大学，2004 年。

[79] 徐学荣、周磊、傅美兰：《福建省 25 个粮食主产县水稻单产波动风险区划研究》，《南方农业》2014 年第 36 期。

[80] 杨晓煜、鞠荣华、杨汭华等：《河南省小麦保险费率厘定研究》，《中国农业大学学报》2012 年第 3 期。

[81] 颜如春：《中国西部多元化城镇化道路探析》，《中国行政管理》2004 年第 9 期。

[82] 叶明华、胡庆康：《农业风险的区域相关性与农业保险的协调优化——以 1978—2009 年粮食主产区水旱灾害为例》，《江西财经大学学报》2012 年第 5 期。

[83] 叶明华：《农业气象灾害的空间集聚与政策性农业保险的风险分散——以江、浙、沪、皖 71 个气象站点降水量的空间分析为例 (1980—2014)》，《财贸研究》2016 年第 4 期。

[84] 叶明华、汪荣明：《收入结构、融资约束与农户的农业保险偏好——基于安徽省粮食种植户的调查》，《中国人口科学》2016 年第 6 期。

[85] 于洋：《基于 Gaussian 核密度法的作物保险差别化费率厘定实证——以辽宁省大连市玉米保险为例》，《金融理论与实践》2013 年第 9 期。

[86] 曾辉、杨新顺：《参数法和非参数法在农作物区域产量保险费率厘定中的应用》，《统计与决策》2014 年第 4 期。

[87] 张驰、张崇尚、仇焕广、吕开宇：《农业保险参保行为对农户投入的影响——以有机肥投入为例》，《农业技术经济》2017 年第 6 期。

[88] 张敬仲：《河南粮食安全生产存在的主要问题及对策》，《粮食流通技术》2008 年第 5 期。

[89] 张峭、王克：《农作物生产风险分析的方法和模型》，《农业展望》2007 年第 8 期。

[90] 张峭、王克：《中国玉米生产风险分析和评估》，《中国农业信息科技创新与学科发展大会论文汇编》，中国农业科学院农村信息研究所，2007 年。

[91] 张峭：《加强农业生产风险评估与区划、保障农业保险持续健康发展》，载《中国农业保险发展报告》，中国农业出版社 2011 年版。

[92] 张峭、王克：《我国农业自然灾害风险评估与区划》，《中国农业资源与区划》2011 年第 3 期。

[93] 张欣、于洋：《基于租值消散理论的农业保险发展区域性差异研究》，《保险研究》2012 年第 4 期。

[94] 张小芹、张文棋：《福建农户农业保险需求的实证分析》，《中国农学通报》2009 年第 24 期。

[95] 张跃华、顾海英、史清华：《农业保险需求不足效用层面的一个解释及实证研究》，《数量经济技术经济研究》2005 年第 4 期。

[96] 张祖荣、马岚：《我国省域政策性农业保险发展不平衡的实证分析》，《财经科学》2016 年第 7 期。

[97] 赵桂玲、周稳海：《基于面板数据农业保险需求的影响因素》，《江苏农业科学》2014 年第 6 期。

[98] 赵建东、冯庆水：《安徽省农业保险需求影响因素调查与分析》，《安徽农业大学学报》（社会科学版）2009 年第 6 期。

[99] 郑军、袁帅帅：《基于聚类法的农业保险风险区划的实证研究》，《重庆工商大学学报》（社会科学版）2015 年第 1 期。

[100] 郑军、袁帅帅：《新型城镇化与农业保险发展：路径考察与悖论反思》，《农村经济》2015 年第 1 期。

[101] 钟甫宁、邢鹂：《粮食单产波动的地区性差异及对策研究》，《中国农业资源与区划》2004 年第 3 期。

[102] 钟甫宁、宁满秀、邢鹂等：《农业保险与农用化学品施用关系研

究——对新疆玛纳斯河流域农户的经验分析》,《经济学》2006 年第 1 期。

[103] 朱俊生、赵乐、初萌:《北京市农业区域产量保险研究》,《保险研究》2013 年第 2 期。

[104] 祝仲坤:《政策性农业保险增长质量研究》,《江西财经大学学报》2016 年第 6 期。

[105] Ahsan, S. M., Ali, A. G., Kurian, N. J., "Toward a Theory of Agricultural Insurance", *American Journal of Agricultural Economics*, Vol. 64, No. 3, 1982, pp. 520 – 529.

[106] Akerlof, G. A., "The Market for Lemons: Quality Uncertainty and the Market Mechanism", *Quarterly Journal of Economics*, Vol. 84, No. 3, 1970, pp. 488 – 500.

[107] Allen, R., *The British Industrial Revolution in Global Perspective*, Cambridge: Cambridge University Press, 2009.

[108] Alves, M. C., de Carvalho, L. G., Pozza, E. A. et al., "Ecological Zoning of Aoybean Rust, Coffee Rust and Banana Black Sigatoka Based on Brazilian Climate Changes", *Procedia Environmental Sciences*, No. 6, 2011, pp. 35 – 49.

[109] Arrow, K. J., "Uncertainty and the Welfare Economics of Medical Care", *Journal of Health Poliics Policy & Law*, No. 5, 2001, pp. 941 – 973.

[110] Babcock, B. A., Hennessy, D. A., "Input Demand Under Yield and Revenue Insurance", *Staff General Research Papers*, Vol. 78, No. 2, 1996, pp. 416 – 427.

[111] Bairoch, P., *Cities and Economics Development: From the Dawn of History to the Present*, Chicago: The University of Chicago Press, 1988.

[112] Bardsley Peter, Abey Arun, Davenport, Scott V., "The Economics of Insuring Crops Against Drought", *Australian Journal of Agricultural and Resource Economics*, Vol. 28, No. 1, 1984, pp. 1 – 14.

[113] Barnett, B. J., Black, J. R., Hu, Y. et al., "Is Area Yield Insurance Competitive with Farm Yield Insurance?", *Journal of Agricultural and Resource Economics*, 2005, pp. 285 – 301.

[114] Barnett, B. J., Agricultural Index Insurance Products: Strengths and Limitations, *Agricultural Outlook Forum.*, Arlington, V. A., USA: United States Department of Agriculture, 2004.

[115] Bartosz, K., "Weather Indicators and Crop Yield Analysis with Wavelets", *Report on Work of The International Institute for Applied Systems Analysis*, Laxenburg, Austria, 2005, pp. 5 – 19.

[116] Botts, R. R., Boles, J. N., "Use of Normal – Curve Theory in Crop Insurance Ratemaking", *Journal of Farm Economics*, No. 3, 1958, pp. 733 – 740.

[117] Cali, M., Menon, C., "Does Urbanization Affect Rural Poverty? Evidence from Indian Districts", *World Bank Economic Review*, No. 14, 2008, pp. 171 – 201.

[118] Chambers, R. G., "Insurability and Moral Hazard in Agricultural Insurance Markets", *American Journal of Agricultural Economics*, Vol. 71, No. 3, 1989, pp. 604 – 616.

[119] Chen, S. L., Miranda, M. J., "Modeling Multivariate Crop Yield Densities with Frequent Extreme Events", *General Information*, 2004.

[120] Coble, Keith H., Dismukes Robert, Thomas, Sarah E., "Policy Implications of Crop Yield and Revenue Variability at Differing Levels of Disaggregation", *Robert Dismukes*, 2007.

[121] Cummins J. David, Trainar Philippe, "Securitization, Insurance, and Reinsurance", *Journal of Risk and Insurance*, Vol. 76, No. 3, 2009, pp. 463 – 492.

[122] Deng, X., Barnett, B. J., Vedenov, D. V., "Is There a Viable Market for Area – Based Crop Insurance?", *American Journal of Agricultural Economics*, Vol. 89, No. 2, 2007, pp. 508 – 519.

[123] Duncan, J., Myers, R. J., "Crop Insurance under Catastrophic Risk", *American Journal of Agricultural Economics*, Vol. 82, No. 4, 2000, pp. 842 – 855.

[124] Gallagher, P., "US Soybean Yields: Estimation and Forecasting with Nonsymmetric Disturbances", *American Journal of Agricultural Economics*, Vol. 69, No. 4, 1987, pp. 796 – 803.

［125］ Gallup, J. L., Sacks, J. D., Mellinger, A., "Geography and Econom-ic Development", *International Regional Science Review*, No. 22, 1999, pp. 179 – 232.

［126］ Glauber, J. W., Collins, K. J., Barry, P. J., "Crop Insurance, Dis-aster Assistance, and the Role of the Federal Government in Providing Catastrophic Risk Protection", *Agricultural Finance Review*, Vol. 62, No. 2, 2002, pp. 81 – 101.

［127］ Glauber, J. W., Collins, K. J., *Risk Management and the Role of the Federal Government*, Natural Resource Management & Policy, 2002.

［128］ Glauber, J. W., "Crop Insurance Reconsidered", *American Journal of Agricultural Economics*, Vol. 86, No. 5, 2004, pp. 1179 – 1195.

［129］ Goodwin, B. K., Ker, A. P., "Nonparametric Estimation of Crop Yield Distributions: Implications for Rating Group – Risk Crop Insurance Contracts", *American Journal of Agricultural Economics*, Vol. 80, No. 1, 1998, pp. 139 – 153.

［130］ Goodwin, B. K., Mahul, O., "Risk Modeling Concepts Relating to the Design and Rating of Agricultural Insurance Contracts", *World Bank Policy Research Working Paper*, 2004.

［131］ Goodwin, B. K., Roberts, M, C., Coble, K. H., "Measurement of Price Risk in Revenue Insurance: Implications of Distributional Assump-tions", *Journal of Agricultural and Resource Economics*, 2000, pp. 195 – 214.

［132］ Goodwin, B. K., Vandeveer, M. L., Deal, J. L., "An Empirical A-nalysis of Acreage Effects of Participation in the Federal Crop Insurance Program", *American Journal of Agricultural Economics*, Vol. 86, No. 4, 2004, pp. 1058 – 1077.

［133］ Goodwin, B. K., "Premium Rate Determination in the Federal Crop In-surance Program: What Do Averages Have to Say About Risk?", *Jour-nal of Agricultural and Resource Economics*, Vol. 19, No. 2, 1994, pp. 382 – 395.

［134］ Goodwin, Barry K., Ker, Alan P., *A Comprehensive Assessment of the Role of Risk in US Agriculture*, Berlin: Springer Press, 2002.

[135] Halcrow, H. G. , "Actuarial Structures for Crop Insurance", *Journal of Farm Economics*, Vol. 31, No. 3, 1949, pp. 418 – 443.

[136] Haruyama Shigeko, Ohokura, H. et al. , "Geomorphological Zoning for Flood Inundation using Satellite Data", *Geo Journal*, Vol. 38, No. 3, 1996, pp. 73 – 278.

[137] Hazell, P. B. R. , Pomareda, C. , Valdes, A. , *Crop Insurance for Agricultural Development: Issues and Experience*, IICA Biblioteca Venezuela Press, 1986.

[138] Hourigan, J. D. , *A Farm – level Analysis of Alternative Crop Insurance Designs: Multiple Peril Verses Area – yield*, University of Kentucky, ph. D. Dissertation, 1993.

[139] Huang, L. , *Mixing Government and Markets for an Improved Crop Insurance Program*, 1995.

[140] Huang Xin Yang, Tan Min Sheng, Wu Hong Ru et al. , "An Improved Invariant Wavelet Transform", *Procedia Engineering*, 2012, pp. 1963 – 1968.

[141] Nguyen, V. C. , "Does Urbanization Help Poverty Reduction in Rural Areas? Evidence from a Developping Country", *IPAG Working Paper Series*, 2014.

[142] Just, R. E. , Calvin, L. , *Adverse Selection in US Crop Insurance: the Relationship of Farm Characteristics to Premiums*, *Unpublished Manuscript*, University of Maryland, 1993.

[143] Just, R. E. , Calvin, L. , *An Empirical Analysis of U. S. Participation in Crop Insurance*, Unpublished Report to the Federal Crop Insurance Corporation, 1990.

[144] Just, R. E. , Weninger, Q. , "Are Crop Yields Normally Distributed?", *American Journal of Agricultural Economics*, Vol. 81, No. 2, 1999, pp. 287 – 304.

[145] Just, R. E. , L. Calvin, *Moral Hazard in US Crop Insurance: An Empirical Investigation*, Unpublished Manuscript, University of Maryland, 1993.

[146] Ker, A. P. , Goodwin, B. K. , "Nonparametric Estimation of Crop Insurance Rates Revisited", *American Journal of Agricultural Economics*, Vol. 82, No. 2, 2000, pp. 463 – 478.

[147] Knight, T. O., Coble, K. H., "Survey of U. S. Multiple Peril Crop Insurance Literature Since 1980", *Review of Agricultural Economics*, Vol. 19, No. 1, 1997, pp. 128 – 156.

[148] Kuminoff, N. V., Sumner, D. A., Goldman, G., *The Measure of California Agriculture*, University of California Agricultural Issues Center, 2000.

[149] Lawas, C. P., *Crop Insurance Premium Rate Impacts of Flexible Parametric Yield Distributions: An Evaluation of the Johnson Family of Distributions*, 2005.

[150] Mahul, O., "Optimum Area Yield Crop Insurance", *American Journal of Agricultural Economics*, 1999, pp. 75 – 82.

[151] Makki, S. S., Somwaru, A., "Asymmetric Information In Cotton Insurance Markets: Evidence From Texas", *Annual Meeting*, 2002, pp. 28 – 31.

[152] Makki, S., *Crop Insurance in the United States: Basic Issues, Performance, and Lessons for Developing Countries*, Presentation at the Inter – American Development Bank on June, 2002.

[153] Mallat, S. G., "Multifrequency Channel Decompositions of Images and Wavelet Models", *IEEE Transactions on Acoustics Speech & Signal Processing*, Vol. 37, No. 12, 1989, pp. 2091 – 2110.

[154] Miller, S. E., Kahl, K. H., Rathwell, P. J., "Evaluation of Crop Insurance Premium Rates for Georgia and South Carolina Peaches", *Journal of Agribusiness*, Vol. 18, No. 3, 2000, pp. 303 – 318.

[155] Miranda, M. J., Glauber, J. W., "Systemic Risk, Reinsurance, and the Failure of Crop Insurance Markets", *American Journal of Agricultural Economics*, Vol. 79, No. 1, 1997, pp. 206 – 215.

[156] Miranda, M. J., "Area – yield Crop Insurance Reconsidered", *American Journal of Agricultural Economics*, 1991, pp. 233 – 242.

[157] Neamatollahi, E., Bannayan, M., Jahansuz, M. R. et al., "Agro – ecological Zoning for Wheat (Triticum Aestivum), Sugar Beet (Beta Vulgaris) and Corn (Zea Mays) on the Mashhad Plain, Khorasan Razavi Province", *The Egyptian Journal of Remote Sensing and Space Science*,

Vol. 15, No. 1, 2012, pp. 99 – 112.

[158] Nelson, C. H., Loehman, E. T., "Further Toward a Theory of Agricultural Insurance", *American Journal of Agricultural Economics*, Vol. 69, No. 3, 1987, pp. 523 – 531.

[159] Nelson, C. H., Preckel, P. V., "The Conditional Beta Distribution as a Stochastic Production Function", *American Journal of Agricultural Economics*, Vol. 71, No. 2, 1989, pp. 370 – 378.

[160] Nelson, C. H., "The Influence of Distributional Assumptions on the Calculation of Crop Insurance Premia", *North Central Journal of Agricultural Economics*, Vol. 12, No. 1, 1990, pp. 71 – 78.

[161] Ozaki, V. A., Ghosh, S. K., Goodwin, B. K. et al., "Spatio – temporal Modeling of Agricultural Yield Data with an Application to Pricing Crop Insurance Contracts", *American Journal of Agricultural Economics*, Vol. 90, No. 4, 2008, pp. 951 – 961.

[162] Pauly, M. V., "The Economics of Moral Hazard: Comment", *American Economic Review*, 1968.

[163] Pringle, M. J., Marchant, B. P., Lark, R. M., "Analysis of Two Variants of a Spatially Distributed Crop Model, Using Wavelet Transforms and Geostatistics", *Agricultural Systems*, No. 2, 2008, pp. 135 – 146.

[164] Ramírez, O. A., McDonald, T., "Ranking Crop Yield Models: A Comment", *American Journal of Agricultural Economics*, Vol. 88, No. 4, 2006, pp. 1105 – 1110.

[165] Ramírez, O. A., "Estimation and Use of a Multivariate Parametric Model for Simulating Heteroskedastic, Correlated, Nonnormal Random Variables: The Case of Corn, Belt Corn, Soybean, and Wheat Yields", *American Journal of Agricultural Economics*, Vol. 79, No. 1, 1997, pp. 191 – 205.

[166] Ramirez, Octavio A., Misra Sukant, Field James, "Crop – yield Distributions Revisited", *American Journal of Agricultural Economics*, No. 1, 2003, pp. 108 – 120.

[167] Ramsey, F., "An Application of Kernel Density Estimation via Diffusion to Group Yield Insurance, Minneapolis, Minnesota", *Agricultural*

and Applied Economics Association 2014 *Annual Meeting*, 2014, pp. 27 – 29.

[168] Roberts, M. J., Key, N., O'Donoghue, E., "Estimating the Extent of Moral Hazard in Crop Insurance Using Administrative Data", *Review of Agricultural Economics*, Vol. 28, No. 3, 2006, pp. 381 – 390.

[169] Rosenblatt, M., "Remarks on Some Nonparametric Estimates of a Density Function", *The Annals of Mathematical Statistics*, Vol. 27, No. 3, 1956, pp. 832 – 837.

[170] Rothschild, M., Stiglitz, J., "Equilibrium in Competitive Insurance Markets: An Essay on the Economics of Imperfect Information", *Huebner International*, Vol. 90, No. 4, 1976, pp. 355 – 375.

[171] Schnitkey, G. D., Sherrick, B. J., Irwin, S. H., "Evaluation of Risk Reductions Associated with Multi – peril Crop Insurance Products", *Agricultural Finance Review*, Vol. 63, No. 1, 2003, pp. 1 – 21.

[172] Shaik, S., Atwood, J. A., "An Examination of Different Types of Adverse Selection in Federal Crop Insurance", *General Information*, No. 2, 2002, pp. 578 – 579.

[173] Shaik, S., Coble, K. H., Knight, T. O., *Revenue Crop Insurance Demand*, *Selected Paper Presented at AAEA Annual Meetings*, Rhode Island, 2005, pp. 24 – 27.

[174] Sherrick, B. J., Barry, P. J., Ellinger, P. N. et al., "Factors Influencing Farmers Crop Insurance Decisions", *American Journal of Agricultural Economics*, Vol. 86, No. 1, 2004, pp. 103 – 114.

[175] Sherrick, B. J., Zanini, F. C., Schnitkey, G. D. et al., "Crop Insurance Valuation under Alternative Yield Distributions", *American Journal of Agricultural Economics*, Vol. 86, No. 2, 2004, pp. 406 – 419.

[176] Skees, J. R., Black, J. R., Barnett, B. J., "Designing and Rating an Area Yield Crop Insurance Contract", *American Journal of Agricultural Economics*, Vol. 79, No. 2, 1997, pp. 430 – 438.

[177] Skees, J. R., Reed, M. R., "Rate Making for Farm – level Crop Insurance: Implications for Adverse Selection", *American Journal of Agricultural Economics*, Vol. 68, No. 3, 1986, pp. 653 – 659.

[178] Skees, J. R. , Barnett, B. J. , "Conceptual and Practical Considerations for Sharing Catastrophic Systemic Risks", *Review of Agricultural Economics*, Vol. 21, No. 2, 1999, pp. 424 –441.

[179] Skees, J. R. , *Developing Rainfall – based Index Insurance in Morocco*, World Bank Publications, 2001.

[180] Skees, J. , Hazell, P. B. R. , Miranda, M. , "A New Approaches to Crop Yield Insurance in Developing Countries", International Food Policy Research Institute (IFPRI), 1999.

[181] Skipper, H. D. , International Risk and Insurance : An Environment al – *Managerial Approach*, Irwin/McGraw – Hill, 1998.

[182] Smith, V. H. , Baquet, A. E. , "The Demand for Multiple Peril Crop Insurance: Evidence from Montana Wheat Farms", *American Journal of Agricultural Economics*, Vol. 78, No. 1, 1996, pp. 189 –201.

[183] Smith, V. H. , Chouinard, H. H. , Baquet, A. E. , *Almost Ideal Area Yield Crop Insurance Contracts*, Faculty Publications: Agricultural Economics, 1994.

[184] Smith, V. H. , Goodwin, B. K. , "Crop Insurance, Moral Hazard, and Agricultural Chemical Use", *American Journal of Agricultural Economics*, Vol. 78, No. 2, 1996, pp. 428 –438.

[185] Stark, O. , Taylor, J. E. , "Migration Incentives, Migration Types: The Role of Relative Deprivation", *The Economic Journal*, 1991.

[186] Turvey, C. , Zhao, J. , *Parametric and Non – parametric Crop Yield Distributions and Their Effects on All – risk Crop Insurance Premiums*, Department of Agricultural Economics and Business, University of Guelph, 1999.

[187] Vandeveer, M. L. , "Demand for Area Crop Insurance among Litchi Producers in Northern Vietnam", *Agricultural Economics*, Vol. 26, No. 2, 2001, pp. 173 –184.

[188] Wenner, M. , Arias, D. , *Agricultural Insurance in Latin America: Where Are We?* International Conference: Paving the Way Forward for Rural Finance, 2003.

[189] Williamson, J. , *Coping with City Growth During the British Industrial*

Revolution, *Cambridge*: *Cambridge University Press*, 1990.

[190] Woodard, Joshua D. , Sherrick, Bruce J. , Schnitkey, Gary D. , "Revenue Risk – reduction Impacts of Crop Insurance in a Multi – crop Framework", *Applied Economic Perspectives and Policy*, Vol. 32, No. 3, 2010, pp. 472 – 488.

[191] Wright, B. D. , Hewitt, J. D. , *All – Risk Crop Insurance*: *Lessons from Theory and Experience*, *Economics of Agricultural Crop Insurance*: *Theory and Evidence*, Springer Netherlands, 1994, pp. 73 – 112.

[192] Zanini, F. C. , Sherrick, B. J. , Schnitkey, G. D. et al. , "Crop Insurance Valuation under Alternative Yield Distributions", *American Journal of Agricultural Economics*, Vol. 86, No. 2, 2004, pp. 406 – 419.